MICHELE DELLA VALLE

IL BILANCIO A COLORI

Come Rendere il Bilancio di Esercizio Comprensibile
e Facile da Consultare Con l'Uso dei Colori

Titolo
"IL BILANCIO A COLORI"

Autore

Michele Della Valle

Editore

Bruno Editore

Sito internet

http://www.brunoeditore.it

Sommario

Introduzione

Tutti, almeno una volta, abbiamo incontrato la parola bilancio: bilancio familiare, della propria vita, delle competenze, aziendale. Nelle imprese, è un documento redatto dall'amministratore che rappresenta la situazione patrimoniale e finanziaria e il risultato economico dell'esercizio.

Gli utilizzatori del bilancio di esercizio possono essere i soci di maggioranza, i dipendenti, i soci di minoranza, i finanziatori, i fornitori, i clienti e l'Agenzia delle Entrate. Alcuni dei predetti soggetti, talvolta hanno poche conoscenze della materia. Ed è da qui che nasce l'idea dei colori, che potrebbero agevolare la comprensione del bilancio ai non addetti ai lavori.

«Il colore è un tasto, l'occhio il martelletto che lo colpisce, l'anima lo strumento dalle mille corde» (*Vasilij Kandinskij*).

In questo corso utilizzeremo il metodo dell'Accounting Balance sheet P&L Colors ®. Saranno trattate tutte le poste del bilancio di esercizio, i principi generali, i soggetti interessati e le procedure seguite per la sua formazione.

Questo corso si rivolge ai **non specialisti** della materia, quindi gli argomenti saranno trattati con termini semplici e sintetici. Per il predetto motivo, prenderemo in considerazione un'impresa industriale e/o commerciale di piccole o medie dimensioni (S.r.l.). I lettori più esigenti potranno inoltre approfondire i vari argomenti con i numerosi riferimenti normativi (principi contabili nazionali, Codice Civile e TUIR).

CAPITOLO 1:
Come attribuire i colori al bilancio di esercizio

Il bilancio di esercizio in bianco e nero

Il bilancio di esercizio è un documento che *rappresenta* la situazione patrimoniale, finanziaria e il risultato economico dell'esercizio della società. Le tre parti che lo compongono sono:

- lo stato patrimoniale;
- il conto economico;
- la nota integrativa.

L'amministratore è l'organo della società che lo redige (art. 2423 c.c.). Gli utilizzatori possono essere i soci di maggioranza, i dipendenti, i soci di minoranza, i finanziatori, i fornitori, i clienti e l'Agenzia delle Entrate. Se chiedessi a un amministratore di che colore è il bilancio di esercizio, probabilmente risponderebbe: «Il bilancio di esercizio è in bianco e nero».

SEGRETO n. 1: la normativa civilista art. 2423 c.c. attribuisce all'amministratore della società l'incombenza di redigere il bilancio di esercizio.

La struttura dello stato patrimoniale e del conto economico (art. 2423-ter) è stabilita, salve le disposizioni di leggi speciali, dal Codice Civile, il quale prevede che le voci debbano essere iscritte separatamente e nell'ordine indicato negli artt. 2424 e 2425.

Di seguito ti fornisco un elenco della **terminologia** delle **poste** dello stato patrimoniale e del conto economico:

		Terminologia	
lettere maiuscole	A,B, C, ecc…	**classe**	**POSTE**
numeri romani	I, II, III ecc…	**sottoclasse**	
numeri arabi	1,2,3 ecc…	**voce**	
lettere minuscole	a,b,c ecc…	**sottovoce**	

SEGRETO n. 2: la struttura dello stato patrimoniale e del conto economico è stabilita dal Codice Civile, salve le disposizioni di leggi speciali.

La *nota integrativa* è parte integrante del bilancio e fornisce tutte le informazioni per capire e/o completare i dati esposti nello stato patrimoniale e nel conto economico.

Relazione sulla gestione

La relazione sulla gestione è predisposta dalle grandi imprese (il legislatore ha fissato i parametri per individuarle). Fornisce le informazioni sulla situazione della società e sull'andamento della gestione. Le imprese che rientrano in determinati parametri possono predisporre il bilancio in forma abbreviata (art. 2435-bis c.c.). In pratica gli schemi del bilancio e le informazioni della nota integrativa sono più semplificati; tali società non redigono la relazione sulla gestione.

Come si forma il bilancio di una S.r.l. e le incombenze connesse

Il bilancio di esercizio di una S.r.l. di piccole o medie dimensioni si forma in più fasi e implica numerose incombenze. In sintesi:

A. chiusura dell'esercizio (esempio: 31.12.N);

B. redazione del bilancio: l'organo amministrativo predispone un progetto di bilancio composto dallo stato patrimoniale, dal conto economico e dalla nota integrativa (art. 2475 c.c.);

C. presentazione al collegio sindacale (se esistente), art. 2429 c.c. (almeno 30 giorni prima del punto E);

D. deposito del bilancio presso la sede della società (almeno 15 giorni prima del punto E);

E. presentazione all'assemblea dei soci per l'approvazione, art. 2479, 2478-bis c.c. (entro 120/180 giorni dal punto A); nel "verbale dell'assemblea" sono riportate le deliberazioni;

F. deposito del bilancio in formato XBRL al registro delle imprese art. 2435 c.c. (entro 30 giorni dal punto E);

G. imposte: devono essere pagate entro il giorno 16 del 6° mese successivo alla chiusura dell'esercizio; ipotizzando la chiusura dell'esercizio il 31.12.N, il versamento delle imposte sarà effettuato entro il giorno 16.06.N+1;

H. dichiarazioni fiscali: devono essere presentate entro l'ultimo giorno del 9° mese successivo a quello di chiusura del periodo di imposta; ipotizzando la chiusura dell'esercizio il 31.12.N, le dichiarazioni devono essere inviate entro il 30.09.N+1;

I. ripartizione dell'utile: in caso l'assemblea dei soci decidesse di ripartire l'utile dell'esercizio, occorre effettuare la registrazione del verbale che approva il bilancio e delibera la ripartizione dell'utile (deve avvenire entro 20 giorni dalla data dell'atto); la predetta registrazione comporta il pagamento dell'imposta di registro in misura fissa.

I principi generali del bilancio di esercizio

Redazione del bilancio (art. 2423 c.c.): «Il bilancio deve essere redatto con **chiarezza** e deve rappresentare in modo **veritiero** e **corretto**». Esaminiamo singolarmente le parole evidenziate nell'articolo del Codice Civile:

- *chiarezza*: nel senso che i dati devono essere esposti seguendo gli schemi di classificazione previsti dagli articoli del Codice Civile;
- *veritiero*: è una verità di tipo giuridico, l'amministratore ad esempio stima un'immobilizzazione materiale al valore previsto dal Codice Civile, art. 2426;
- *corretto*: l'amministratore effettua le stime delle poste del bilancio in base alla buona fede, onestà ecc.

Principi di redazione del bilancio (art. 2423-bis c.c.)

Alcuni esempi dei principi di redazione del bilancio:

- *Principio di competenza*: prevede la correlazione tra costi e ricavi dell'esercizio. Ad esempio, il costo per l'acquisto di merce "Merci c/acquisti" deve avere il correlativo ricavo "Merci c/vendite", per essere considerato di competenza dell'esercizio. Sono i costi che seguono i ricavi.

- *Principio di prudenza*: l'amministratore deve inserire nel bilancio solo utili effettivamente realizzati al 31.12.N; costi di competenza dell'esercizio N, anche se si è venuti a conoscenza nell'esercizio N+1. L'esempio tipico è la perdita su crediti di un cliente dichiarato fallito nell'anno N, ma ne sono venuto a conoscenza solo nei primi mesi dell'anno N+1.

I colori primari e secondari

In ogni società e nei vari periodi della storia gli individui hanno attribuito ai colori dei significati diversi. Quindi ho ritenuto opportuno procedere in tre fasi: nella prima ho definito i colori primari e secondari; nella seconda ho stabilito delle possibili associazioni; nella terza ho esposto secondo il mio modesto parere il collegamento con il bilancio di esercizio.

Procedendo nelle tre fasi, i miei corsisti capiscono e memorizzano più velocemente e si avvicinano alla materia con un metodo sicuramente più piacevole. Ho utilizzato i colori blu, arancio, rosso, verde, viola e il giallo. Questo corso può essere considerato la prosecuzione di ciò che abbiamo appreso con *La contabilità a colori*.

SEGRETO n. 3: il blu, l'arancio, il rosso, il verde, il viola e il giallo sono i colori che, associati al bilancio di esercizio, favoriscono la memorizzazione e rendono l'approccio alla materia più piacevole.

I predetti colori sono stati ottenuti e associati secondo le seguenti considerazioni.

Colori primari

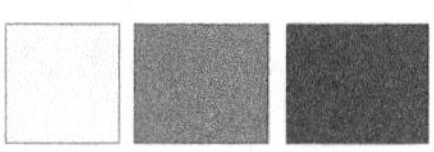

Colori secondari

- mescolando in parti uguali il giallo e il rosso, si ottiene l'arancio;

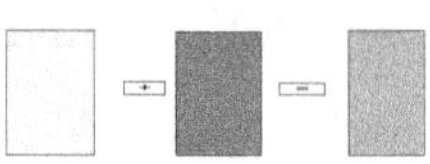

- mescolando in parti uguali il rosso e il blu, si ottiene il viola;

- mescolando in parti uguali il blu e il giallo, si ottiene il verde.

A questo punto, prendiamo in considerazione ogni singolo colore.

Colore rosso, ad esempio di un incendio. Al colore rosso si può associare il pericolo. Infatti, nella segnaletica stradale è utilizzato nei segnali di pericolo, cioè quelli a forma di triangolo con il vertice verso l'alto.

PERICOLO

Il collegamento con il bilancio di esercizio si può verificare quando acquistiamo delle merci. Concentriamoci dunque sul conto "merci c/acquisti". Questo confluirà nel "Conto economico, Costi della produzione: per materie prime, sussidiarie, di consumo e di merci". Il predetto fatto di gestione genera dei costi e quindi se non gestito correttamente potrebbe essere pericoloso per la situazione economica dell'impresa.

Colore blu, ad esempio delle macchine della polizia. Al colore blu si può associare la sicurezza. È il colore del cielo, della pace e della sicurezza.

SICUREZZA

Il collegamento con il bilancio di esercizio possiamo evincerlo quando un cliente paga con un bonifico. Concentriamo la nostra attenzione sul conto "Banca XY c/c". Il predetto conto confluirà nello "Stato patrimoniale, Attivo, Disponibilità liquide: Depositi bancari e postali".

Ipotizzando di prendere in considerazione la predetta posta del bilancio al 31.12, genererà un aumento della nostra sicurezza dal punto di vista della situazione finanziaria e patrimoniale dell'impresa.

Colore giallo, ad esempio del Sole. Il colore giallo si può associare alla gioia. Vi sarà capitato di sentir dire a una persona: «Oggi ti vedo solare».

GIOIA

Il collegamento con il bilancio di esercizio si verifica quando l'azienda ha un "utile di esercizio". Il predetto conto confluirà nello "Stato patrimoniale, Patrimonio netto: Utile (perdita) dell'esercizio". Quando la loro azienda genera utili, vi assicuro che gli imprenditori, sono "solari" e gioiosi.

Colore verde, ad esempio di un prato. Al colore verde si può associare la speranza (intesa come uno stato d'animo di chi è fiducioso negli avvenimenti futuri). Anche nei semafori il verde è il colore del permesso.

SPERANZA

Il collegamento con il bilancio di esercizio lo possiamo avere quando vendiamo delle merci e utilizziamo il conto "Merci c/vendite". Il predetto conto confluirà nel "Conto economico, Valore della produzione: ricavi delle vendite e delle prestazioni". Il vero imprenditore è ottimista e spera che nel futuro venderà più merci.

Colore arancio, ad esempio di un semaforo lampeggiante. Al colore arancio si può associare l'attenzione.

ATTENZIONE

Il collegamento con il bilancio di esercizio lo possiamo avere quando acquistiamo della merce dal fornitore e quindi utilizziamo il conto "Debiti v/fornitori". Il predetto conto confluirà nello "Stato patrimoniale, Passivo, Debiti: Debiti verso fornitori".

Ipotizzando di prendere in considerazione la predetta posta del bilancio al 31.12, l'imprenditore deve stare attento perché l'aumento dei debiti nei confronti dei fornitori potrebbe pregiudicare la situazione finanziaria e patrimoniale.

Colore viola, ad esempio di una viola. A questo colore si può associare il rimorso.

RIMORSO

Per spiegare questa associazione bisogna rievocare una leggenda greca. Un giorno, un mortale offese Dioniso il quale, infuriato, disse che si sarebbe vendicato sulla prima persona che avrebbe incontrato, facendola divorare dalle sue tigri. La prima persona che incontrò fu la ninfa Ametista. Allora Artemide, la dea che proteggeva la fanciulla, la trasformò in una statua di quarzo per non farla divorare dalle tigri di Dioniso. In seguito, Dioniso vide la bellissima Ametista trasformata in statua e pianse delle lacrime di vino per il rimorso delle sue azioni. Le lacrime, cadendo, colorarono Ametista di viola.

Il collegamento con il bilancio di esercizio lo possiamo avere quando si verifica un decremento del patrimonio netto per effetto della gestione, ossia quando c'è una "perdita di esercizio". Il predetto conto sarà aggregato nello "Stato patrimoniale, Passivo, Patrimonio netto: Utile (perdita) di esercizio.

In questo caso l'imprenditore ha investito dei soldi e li ha persi. Quindi ha fatto qualcosa di cui poi si è pentito. In altri termini, sente il rimorso per avere investito dei soldi che poi ha perso.

SEGRETO n. 4: al blu può essere associata la sicurezza, all'arancio l'attenzione, al rosso il pericolo, al verde la speranza, al viola il rimorso e al giallo la gioia.

Le poste del bilancio a colori e la loro classificazione

Lo "stato patrimoniale" e il "conto economico" in bianco e nero possono talvolta risultare difficili da comprendere per i non addetti ai lavori. Le poste che abbiamo visto nel bilancio di esercizio possono essere classificate, secondo il sistema del patrimonio e del risultato economico, in finanziarie ed economiche. Questa classificazione è importante per capire e/o spiegare una voce del bilancio.

La novità di questo corso sta nell'aver attribuito i colori alle varie poste del bilancio di esercizio. Più precisamente possono essere di colore blu, arancio, rosso, verde, viola e giallo. Il colore delle poste del bilancio è identico a quello dei conti da cui derivano. In altri termini, le voci di natura finanziaria possono essere di colore blu o arancio e derivano da conti finanziari. Quelle di natura economica di reddito possono essere di colore rosso o verde e derivano da conti economici di reddito. Infine, quelle di natura economica di patrimonio netto possono essere di colore viola o giallo e derivano da conti economici di patrimonio netto. In sintesi:

Poste che derivano da conti	**Colore**
Finanziari	Blu o arancio
Economici di reddito	Rosso o verde
Economici di patrimonio netto	Viola o giallo

Le tabelle n. 3, 4 e 5 di classificazione dei conti riepilogano i conti utilizzati in questo corso.

SEGRETO n. 5: le poste del bilancio di natura finanziaria

possono essere associate ai colori blu e arancio, quelle economiche di reddito ai colori rosso e verde e, infine, quelle economiche di patrimonio netto ai colori viola e giallo.

Le regole di registrazione dei conti

Dopo aver individuato un conto nelle "Tabelle classificazione dei conti", occorre applicare le regole di registrazione dei conti, che sono le stesse utilizzate ne *La contabilità a colori*. Una posta del bilancio di esercizio è dello stesso colore del conto da cui deriva. In altri termini c'è una correlazione tra conto e posta del bilancio, quindi la comprensione della registrazione in partita doppia è opportuna per capire una voce del bilancio di esercizio.

Nelle regole di registrazione, ho evidenziato la terminologia tradizionale (ad esempio "variazioni finanziarie attive") e la terminologia a colori ("variazioni *blu*, *arancio* ecc.").

Questo consentirà al lettore di utilizzare a sua discrezione il metodo tradizionale in bianco e nero oppure il metodo a colori Accounting Balance sheet P&L Colors ®.

Relativamente alle regole dei conti finanziari parleremo delle seguenti variazioni:

- *variazioni blu* (*variazione finanziaria attiva*) per le entrate di cassa, per gli aumenti di crediti e per le diminuzioni di debiti;
- *variazione arancio* (*variazione finanziaria passiva*) per le uscite di cassa, per la diminuzione di crediti e per gli aumenti di debiti (si veda la tabella n. 6, che riepiloga le regole di registrazione dei conti finanziari).

Relativamente alle regole dei conti economici di reddito:

- *variazione rossa* (*variazione economica negativa*): per i costi e le rettifiche di ricavi;
- *variazione verde* (*variazione economica positiva*) per i ricavi e per le rettifiche dei costi (si veda la tabella n. 6, che riepiloga le regole di registrazione dei conti economici di reddito).

Relativamente alle regole dei conti economici di patrimonio netto:

- *variazione viola* (*variazione economica negativa*): per le diminuzioni di patrimonio netto;
- *variazione gialla* (*variazione economica positiva*) per gli aumenti di patrimonio netto: si registrano in Avere (si veda la tabella n. 6, che riepiloga le regole di registrazione dei conti

economici di patrimonio netto).

Per realizzare qualsiasi obiettivo (sogno) occorrono almeno due elementi: la testa e il cuore. Quando parlo di testa mi riferisco a un metodo per procedere in modo razionale, ovviamente in questo caso è l'Accounting Balance sheet P&L Colors ®. Per quanto riguarda il cuore mi piace ricordare una noto detto di Norman Vincent Peale: «Lancia il cuore oltre la sbarra: il corpo seguirà...»

In questo corso vi propongo un metodo originale per imparare il bilancio di esercizio. Il lettore da parte sua, deve metterci *impegno*, *determinazione* e *giuste strategie*... I colori che incontrerete provate a vederli con la mente.

Inoltre, in ogni capitolo è possibile verificare costantemente le conoscenze acquisite con la *tabella dei quiz* (autovalutazione), con cui capirete se vi state avvicinando o meno all'obiettivo desiderato. Queste sono le premesse per ottenere dei risultati nel bilancio a colori!

RIEPILOGO DEL CAPITOLO 1:

- SEGRETO n. 1: la normativa civilista art. 2423 c.c. attribuisce all'amministratore della società l'incombenza di redigere il bilancio di esercizio.
- SEGRETO n. 2: la struttura dello stato patrimoniale e del conto economico è stabilita dal Codice Civile, salve le disposizioni di leggi speciali.
- SEGRETO n. 3: il blu, l'arancio, il rosso, il verde, il viola e il giallo sono i colori che, associati al bilancio di esercizio, favoriscono la memorizzazione e rendono l'approccio alla materia più piacevole.
- SEGRETO n. 4: al blu può essere associata la sicurezza, all'arancio l'attenzione, al rosso il pericolo, al verde la speranza, al viola il rimorso e al giallo la gioia.
- SEGRETO n. 5: le poste del bilancio di natura finanziaria possono essere associate ai colori blu e arancio, quelle economiche di reddito ai colori rosso e verde e, infine, quelle economiche di patrimonio netto ai colori viola e giallo.

CAPITOLO 2:

Come predisporre i Crediti verso soci e le Immobilizzazioni immateriali

Stato patrimoniale

Lo stato patrimoniale è il documento che rappresenta l'attivo e il passivo dell'impresa (situazione patrimoniale e finanziaria) al termine dell'esercizio. È composto da elementi attivi e passivi e dal patrimonio netto. Può essere sintetizzato con l'equazione Attivo = Patrimonio netto + Passivo. I predetti elementi possono essere finanziari (valori in cassa, crediti e debiti, ratei fondi rischi e oneri futuri) ed economici (costi pluriennali, costi sospesi ecc.). Per la classificazione dettagliata si vedano le tabelle n. 3, 4 e 5. Lo stato patrimoniale si ottiene partendo dalla situazione patrimoniale finale, la quale deriva dalla contabilità generale.

Utilizzando i colori e un po' di fantasia, lo stato patrimoniale può essere paragonato a un albero (Balance Sheet tree). Infatti, i rami nel nostro caso sono rappresentati dalle immobilizzazioni, dall'attivo circolante, dai ratei e risconti ecc.

SEGRETO n. 6: lo stato patrimoniale, con un po' di fantasia, può essere paragonato a un albero i cui rami sono rappresentati dai vari elementi attivi, passivi e dal patrimonio netto.

Rappresentazione dello stato patrimoniale a colori:

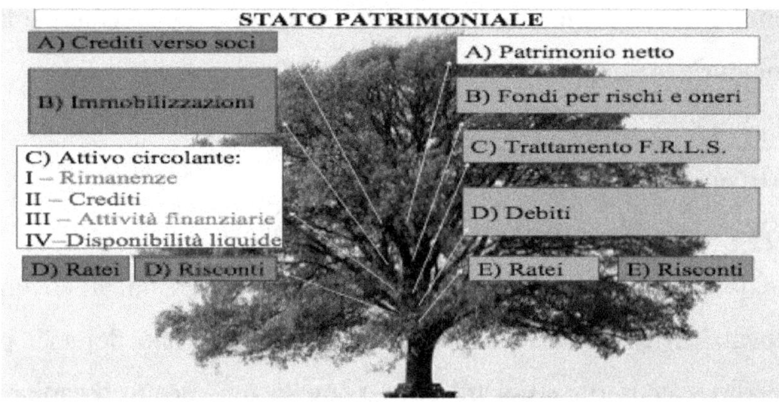

Dopo aver osservato attentamente lo stato patrimoniale a colori prova a ridisegnarlo senza guardarlo. Puoi disegnarlo a mano o, se vuoi farlo con il computer, ti posso consigliare PowerPoint – che è semplice da usare ma non soddisfa tutte le esigenze – oppure FreeMind, che è un programma gratuito ed è specifico per questi lavori e puoi trovarlo con qualsiasi motore di ricerca. La "mappa mentale" che abbiamo creato è un metodo (elaborato da Tony Buzan) efficiente ed efficace per imparare qualsiasi materia. Nei paragrafi successivi analizzeremo ogni singolo elemento dello stato patrimoniale. Partiremo dall'attivo e, successivamente, vedremo il passivo.

SEGRETO n. 7: lo stato patrimoniale a colori, oltre a essere più bello esteticamente, ne facilita anche la comprensione e la memorizzazione.

Attivo

A) Crediti verso i soci per versamenti ancora dovuti

Nella macroclasse "A) Crediti verso i soci per versamenti ancora dovuti" troviamo i crediti della società nei confronti dei soci in merito ai conferimenti sottoscritti e non ancora versati. Il capitale minimo sottoscritto nelle S.p.A. è di € 120.000, mentre nelle S.r.l. è di € 10.000. Occorre indicare separatamente la parte già richiamata ai soci.

I conferimenti

Quando viene sottoscritto l'atto costitutivo deve essere versato presso una banca almeno il 25% dei conferimenti in denaro e l'intero sovrapprezzo (art. 2464 c.c.). Vedremo le registrazioni in partita doppia e, successivamente, la rappresentazione in bilancio. Gli articoli in partita doppia sono importanti per capire successivamente una voce nel bilancio di esercizio. Tra la registrazione in partita doppia e la posta del bilancio c'è una serie di passaggi che abbiamo visto in _La contabilità a colori_ (operazioni di assestamento, epilogo componenti positivi e negativi, determinazione del risultato economico, chiusura attività e passività, situazione patrimoniale ed economica finale). Qui mi soffermerò solo sugli articoli in partita doppia, del fatto di gestione preso in esame e la sua rappresentazione nel bilancio di esercizio.

Esempio: In data 10.12.N, presso lo studio del notaio Bianchi, si costituisce la società Rossetti S.p.A. Il capitale sociale sottoscritto è pari a € 1.000.000 che sarà conferito in denaro.

a) registrazione al momento della sottoscrizione:

NUM.REG.	DATA REG.	CAUSALE	N.DOC.	DATA DOCUMENTO	PROTOCOLLO
XXX			XXX		
CODICE		DENOMINAZIONE CONTI		DARE	AVERE
		Crediti v/soci per versamenti ancora dovuti		1.000.000,00	
		Capitale sociale			1.000.000,00

b) registrazione del 25% dei conferimenti in contanti presso una banca:

NUM.REG.	DATA REG.	CAUSALE		N.DOC.	DATA DOCUMENTO		PROTOCOLLO
XXX				XXX			
CODICE		DENOMINAZIONE CONTI				DARE	AVERE
		Banca xy c/c				250.000,00	
		Crediti v/soci per versamenti ancora dovuti					250.000,00

c) 28.12.N incasso del 70% dei conferimenti:

NUM.REG.	DATA REG.	CAUSALE		N.DOC.	DATA DOCUMENTO		PROTOCOLLO
XXX				XXX			
CODICE		DENOMINAZIONE CONTI				DARE	AVERE
		Banca xy c/c				700.000,00	
		Crediti v/soci per versamenti ancora dovuti					700.000,00

Rappresentazione in bilancio

Descrizione del conto	Anno N + 1	Anno N	COLORI
Stato patrimoniale attivo			
A) Crediti verso soci per versamenti ancora dovuti			
I) Crediti verso soci per versamenti ancora dovuti		**50.000**	
II) (di cui già richiamati)			
....			

SEGRETO n. 8: la classe A) Crediti verso soci per versamenti ancora dovuti, utilizzando la tabella di classificazione dei conti e le regole di registrazione, è di colore blu.

Nel bilancio di esercizio ho rappresentato solo l'elemento preso in esame e il relativo colore. Nel caso specifico, quindi, i "Crediti verso soci per versamenti ancora dovuti".

Per attribuire i colori alle poste del bilancio bisogna procedere per fasi:

1. Nella prima fase bisogna individuare il conto nelle *tabelle di classificazione dei conti* e decidere se è finanziario o economico. Il conto "Crediti verso soci per versamenti ancora dovuti" è un conto finanziario e può essere di colore blu o arancio.
2. Nella seconda fase occorre applicare le *regole di registrazione dei conti* (vedi tabella), per decidere il relativo colore. Nell'esempio preso in esame, il conto "Crediti verso soci per versamenti ancora dovuti", è una variazione *blu*, per *aumento di crediti*.
3. Nella terza fase attribuisco alla posta del bilancio lo stesso colore del conto da cui deriva.

In conclusione, bisogna:

- individuare se un conto è finanziario o economico e attribuirgli un colore;

- la posta del bilancio di esercizio è dello stesso colore del conto da cui deriva; quindi la comprensione della registrazione in partita doppia è opportuna per capire una voce del bilancio.

conto		posta del bilancio d'esercizio
Crediti verso soci per versamenti ancora dovuti	→	Crediti verso soci per versamenti ancora dovuti

Nel bilancio di esercizio si può evidenziare con il colore opportuno: una cella vicino al conto o all'importo, il conto, l'importo e tutta la riga.

Immobilizzazioni

B) I) Immobilizzazioni immateriali

Le immobilizzazioni immateriali non sono tangibili, ed è appunto da qui deriva il termine "immateriali". In questa classe troviamo tutti i costi non tangibili che danno la loro utilità per più esercizi.

SEGRETO n. 9: le immobilizzazioni immateriali sono degli elementi dello stato patrimoniale non tangibili, ma che danno

la loro utilità per più esercizi.

🕮 RIFERIMENTI NORMATIVI		
Principi contabili	n. 24	www.fondazioneoic.eu

B) I) 1) Costi di impianto e di ampliamento

Nella voce "Costi di impianto e di ampliamento" troviamo tutti i costi sostenuti nella fase pre-operativa o di accrescimento della capacità operativa. Alcuni esempi possono essere i costi sostenuti:

- in fase di *costituzione dell'impresa*, relativamente al notaio, le relative imposte e tasse, le consulenze in merito a eventuali licenze, permessi, ricerche di mercato;
- in occasione di aumenti del capitale sociale, operazioni straordinarie quali fusioni, trasformazioni ecc.

🕮 RIFERIMENTI NORMATIVI	
Codice Civile	art. 2426, comma 1, punto 5
TUIR (*)	art. 108, comma 1

(*)D.p.r. 22.12.1986 n. 917 - Testo unico delle imposte sui redditi

Contabilità e bilancio

Esempio: la società Rossi S.p.A. ha sostenuto spese notarili per la sua costituzione pari a € 10.000 + Iva. Al 31.12.N, si ammortizzano di un quinto (i costi di impianto e di ampliamento sono deducibili in quote costanti nell'esercizio in cui sono sostenuti e nei quattro successivi, quindi in 5 anni).

a) registrazione della parcella del notaio:

NUM.REG. xxx	DATA REG.	CAUSALE	N.DOC. xxx	DATA DOCUMENTO		PROTOCOLLO
CODICE		DENOMINAZIONE CONTI			DARE	AVERE
		Costi di impianto e di ampliamento			10.000,00	
		Iva ns/credito			2.100,00	
		Debiti v/fornitori				12.100,00

Per agevolare la comprensione del lettore e per motivi di semplificazione (dato che questo corso, come abbiamo detto, si rivolge a non specialisti), il conto utilizzato nella registrazione in partita doppia coincide con la voce del bilancio (quando è possibile).

Il piano dei conti è di solito più dettagliato e il contabile lo personalizza in base alle informazioni che vuole ottenere. La predetta impostazione sarà seguita in tutte le registrazioni che vedremo in questo corso.

b) registrazione della quota di ammortamento al 31.12.N:

NUM.REG.	DATA REG.	CAUSALE		N.DOC.	DATA DOCUMENTO		PROTOCOLLO
XXX	31.12.N			XXX			
CODICE		DENOMINAZIONE CONTI				DARE	AVERE
		Ammortamento costi d'impianto				2.000,00	
		Fondo amm. Costi d'impianto					2.000,00

Rappresentazione in bilancio

Descrizione del conto	Anno N + 1	Anno N	COLORI
Stato patrimoniale attivo			
....			
B) Immobilizzazioni			
I) Immobilizzazioni immateriali			
1) Costi di impianto e di ampliamento		**8.000**	
....			

La rappresentazione in bilancio di € 8.000 è la differenza tra i costi di impianto e di ampliamento di € 10.000 e il “Fondo di ammortamento costi di impianto” di € 2.000. Procedendo come abbiamo visto precedentemente, ossia tabelle dei conti e regole di registrazione, la spiegazione della voce costi di impianto e di ampliamento nello stato patrimoniale attivo è quindi, *variazione rossa, costi.*

B) I) 2) costi di ricerca, di sviluppo e di pubblicità

La *ricerca di base* si occupa degli studi e delle ricerche che hanno un'utilità generica nell'impresa, mentre la *ricerca specifica* si riferisce ad esempio a uno specifico prodotto/progetto.

Lo *sviluppo* consiste nel provare i risultati ottenuti nella ricerca, prima di produrli in grandi quantità e commercializzarli.
I costi di *pubblicità* sono quelli relativi al lancio di un nuovo prodotto.

🕮 RIFERIMENTI NORMATIVI	
Codice Civile	art. 2426, comma 1, punto 5
TUIR	art. 108, comma 1

Contabilità e bilancio

Esempio: la società Rossi S.r.l. ha ricevuto una fattura che è imputata alla ricerca specifica di un prodotto o di un progetto di € 20.000 + Iva. Al 31.12.N si ammortizza un quinto delle spese di ricerca e sviluppo (le spese relative a studi e ricerche sono deducibili nell'esercizio in cui sono stati sostenuti oppure in quote costanti nell'esercizio stesso e nei successivi, ma non oltre il quarto, quindi in 5 anni).

a) registrazione della fattura:

NUM.REG.	DATA REG.	CAUSALE	N.DOC.	DATA DOCUMENTO		PROTOCOLLO
XXX			XXX			
CODICE		DENOMINAZIONE CONTI			DARE	AVERE
		Costi di ricerca, di sviluppo e di pubblicità			20.000,00	
		Iva ns/credito			4.200,00	
		Debiti v/fornitori				24.200,00

b) registrazione della quota di ammortamento al 31.12.N:

NUM.REG.	DATA REG.	CAUSALE	N.DOC.	DATA DOCUMENTO		PROTOCOLLO
XXX	31.12.N		XXX			
CODICE		DENOMINAZIONE CONTI			DARE	AVERE
		Ammort. costi di ricerca, sviluppo e di pubb.			4.000,00	
		Fondo amm. Costi di ricerca e sviluppo				4.000,00

Rappresentazione in bilancio

Descrizione del conto	Anno N + 1	Anno N	COLORI
Stato patrimoniale attivo			
....			
B) Immobilizzazioni			
I) Immobilizzazioni immateriali			
1) Costi di impianto e di ampliamento			
2) Costi di ricerca, sviluppo e di pubblicità		**16.000**	
3) Diritti di brev. Ind. e diritti di util. di opere dell'ingegno			
4) Concessioni, licenze, marchi e diritti simili			
5) Avviamento			
6) Immobilizzazioni in corso e acconti			
7) Altre ...			

La rappresentazione in bilancio di € 16.000 è il risultato della differenza tra i costi di ricerca e di sviluppo di € 20.000 e il relativo "Fondo di ammortamento di ricerca e di sviluppo" di €

4.000. Il fondo di ammortamento è una rettifica del costo pluriennale.

Procedendo come abbiamo visto precedentemente, ossia tabelle dei conti e regole di registrazione. I costi di ricerca, sviluppo e di pubblicità possiamo spiegarli come *variazione rossa, costi.*

B) I) 3) Diritti di brevetto industriale e diritti di utilizzazione delle opere dell'ingegno

I diritti di brevetto industriale sono "creazioni intellettuali" dove l'inventore acquisisce il diritto esclusivo allo sfruttamento dell'invenzione nel campo industriale.

I *diritti di utilizzazione delle opere dell'ingegno* sono delle creazioni nella letteratura, nella musica, nell'architettura ecc.

🕮 RIFERIMENTI NORMATIVI	
TUIR	art. 103, comma 1

Contabilità e bilancio

Ad esempio, in data 14.09.N acquistiamo il software Office a € 1.000 + Iva.

a) registrazione della fattura:

NUM.REG.	DATA REG.	CAUSALE	N.DOC.	DATA DOCUMENTO		PROTOCOLLO
XXX			XXX			
CODICE		DENOMINAZIONE CONTI			DARE	AVERE
		Diritti di brevetto.ind.e dir. Utilizz. Op.ingegno			1.000,00	
		Iva ns/credito			210,00	
		Debiti v/fornitori				1.210,00

b) registrazione della quota di ammortamento al 31.12.N. Le quote di ammortamento dei diritti di brevetto industriale e diritti di utilizzazione delle opere dell'ingegno sono deducibili in misura non superiore al 50% del costo, quindi in 2 anni.

NUM.REG.	DATA REG.	CAUSALE	N.DOC.	DATA DOCUMENTO		PROTOCOLLO
XXX	31.12.N		XXX			
CODICE		DENOMINAZIONE CONTI			DARE	AVERE
		Amm.Diritti di brev..ind.e dir. Utilizz. Op.ing.			500,00	
		F.do amm.Diritti di brev..ind.e dir. Utilizz. Op.ing.				500,00

Rappresentazione in bilancio

Descrizione del conto	Anno N + 1	Anno N	COLORI
Stato patrimoniale attivo			
....			
B) Immobilizzazioni			
I) Immobilizzazioni immateriali			
1) Costi di impianto e di ampliamento			
2) Costi di ricerca, sviluppo e di pubblicità			
3) Diritti di brev. Ind. e diritti di util. di opere dell'ingegno		**500**	
....			

L'importo di € 500 è il risultato della differenza tra i "Diritti di brevetto industriale e diritti di utilizzazione di opere dell'ingegno" di € 1.000, e il relativo "Fondo di ammortamento dei diritti di brevetto industriale e diritti di utilizzazione di opere dell'ingegno" di € 500.

Procedendo come abbiamo visto precedentemente, ossia utilizzando la tabella dei conti e le regole di registrazione, i "Diritti di brevetto industriale e diritti di utilizzazione delle opere dell'ingegno" possiamo spiegarli come *variazione rossa*, *costi*.

B) I) 4) Concessioni, licenze, marchi e diritti simili

Le *concessioni* sono provvedimenti dove l'Amministrazione pubblica dà ad altri soggetti i propri diritti e/o poteri.

Le *licenze* sono autorizzazioni dove si permette di esercitare un'attività regolamentata.

Il *marchio* è uno dei segni che identifica il prodotto di un'azienda.

🕮 **RIFERIMENTI NORMATIVI**

TUIR	*Diritti di concessione e altri diritti iscritti nell'attivo*: l'art. 103, comma 2, prevede che le quote di ammortamento siano deducibili in misura corrispondente alla durata di utilizzazione prevista dal contratto o dalla legge. *Marchi*: l'art. 103, comma 1, prevede che le quote di ammortamento siano deducibili in misura non superiore a un diciottesimo del costo (1/18, quindi 18 anni).

Contabilità e bilancio

Ad esempio, in data 21.04.N acquistiamo un marchio pagandolo € 100.000 + Iva. Al 31.12.N si registra la quota di ammortamento di un diciottesimo.

a) registrazione della fattura:

NUM.REG. XXX	DATA REG.	CAUSALE	N.DOC. XXX	DATA DOCUMENTO		PROTOCOLLO
CODICE		DENOMINAZIONE CONTI			DARE	AVERE
		Concessioni, licenze, marchi e diritti simili			100.000,00	
		Iva ns/credito			21.000,00	eh già non sei solo
		Debiti v/fornitori				121.000,00

b) registrazione della quota di ammortamento al 31.12.N:

NUM.REG. XXX	DATA REG. 31.12.N	CAUSALE	N.DOC. XXX	DATA DOCUMENTO		PROTOCOLLO
CODICE		DENOMINAZIONE CONTI			DARE	AVERE
		Amm.concessioni, licenze, marchi e diritti s.			5.555,56	
		F.do amm.concessioni, licenze, marchi e diritti s.				5.555,56

Rappresentazione in bilancio

Descrizione del conto	Anno N + 1	Anno N	COLORI
Stato patrimoniale attivo			
....			
B) Immobilizzazioni			
I) Immobilizzazioni immateriali			
1) Costi di impianto e di ampliamento			
2) Costi di ricerca, sviluppo e di pubblicità			
3) Diritti di brev. Ind. e diritti di util. di opere dell'ingegno			
4) Concessioni, licenze, marchi e diritti simili		94.444	
....			

Nel bilancio di esercizio, € 94,444,44 è il risultato della differenza tra "Concessioni, licenze, marchi e diritti simili" di € 100.000 e il relativo "Fondo di ammortamento concessioni, licenze, marchi e diritti simili" di € 5.555,56. Procedendo come abbiamo visto precedentemente, ossia utilizzando la tabelle dei conti e le regole di registrazione, le "Concessioni, licenze, marchi e diritti simili" possiamo spiegarli come *variazione rossa, costi.*

B) I) 5) Avviamento

L'avviamento è l'insieme delle qualità positive che consentono a un'azienda già funzionante di produrre un maggior reddito rispetto a un'azienda di nuova costituzione. Le qualità positive possono essere, ad esempio, la clientela, la localizzazione ecc.

🕮 RIFERIMENTI NORMATIVI	
Codice Civile	art. 2426, comma 1, punto 6
TUIR	art. 103, comma 3: prevede che le quote di ammortamento sono deducibili in misura non superiore a un diciottesimo del costo (quindi 18 anni).

Contabilità e bilancio

Esempio: nell'anno N, a seguito dell'acquisizione di una piccola azienda, la società Rossi S.r.l. contabilizza un avviamento di € 10.000. Al 31.12.N si ammortizza un diciottesimo dell'avviamento.

Registrazione della quota di ammortamento al 31.12.N:

NUM.REG.	DATA REG.	CAUSALE	N.DOC.	DATA DOCUMENTO		PROTOCOLLO
xxx	31.12.N		xxx			
CODICE		DENOMINAZIONE CONTI			DARE	AVERE
		Ammortamento avviamento			555,56	
		Fondo amm. Avviamento				555,56

Rappresentazione in bilancio

Descrizione del conto	Anno N + 1	Anno N	COLORI
Stato patrimoniale attivo			
....			
B) Immobilizzazioni			
I) Immobilizzazioni immateriali			
1) Costi di impianto e di ampliamento			
2) Costi di ricerca, sviluppo e di pubblicità			
3) Diritti di brev. Ind. e diritti di util. di opere dell'ingegno			
4) Concessioni, licenze, marchi e diritti simili			
5) Avviamento		9.444	
6) Immobilizzazioni in corso e acconti			
7) Altre ...			
Totale	0	9.444	

Nella rappresentazione in bilancio, € 9.444,44 è il risultato della differenza tra l'avviamento di € 10.000 e il relativo "Fondo di ammortamento avviamento" di € 555,56. Procedendo come abbiamo visto precedentemente, ossia consultando le tabelle dei conti e le regole di registrazione, l'avviamento in bilancio lo possiamo spiegare come una *variazione rossa, costi.*

B) I) 6) Immobilizzazioni in corso e acconti

Nelle *immobilizzazioni in corso* rientrano tutti i costi che l'azienda ha sostenuto per acquistare o produrre un'immobilizzazione immateriale. La peculiarità di questa voce è che l'azienda non ha ancora acquisito la piena titolarità del diritto oppure i progetti non sono ancora completati.

Negli *acconti* troviamo gli anticipi dati ai fornitori per acquistare le immobilizzazioni immateriali.

Le predette voci non sono ammortizzate e non producono nessun effetto dal punto di vista fiscale.

Contabilità e bilancio

Esempio: la società Rossi S.p.A. durante l'anno sostiene costi che sono imputati alle immobilizzazioni immateriali in corso per € 10.000.

NUM.REG.	DATA REG.	CAUSALE	N.DOC.	DATA DOCUMENTO		PROTOCOLLO
XXX			XXX			
CODICE		DENOMINAZIONE CONTI			DARE	AVERE
		Immobilizzazioni in corso (immateriali)			10.000,00	
		Incrementi immobilizzazioni per lav. Interni				10.000,00

(N.B.) – Immobilizzazioni in corso (immateriali): conto economico di reddito, costo pluriennale.

Esempio: la società Verdi S.r.l. per l'acquisto delle immobilizzazioni immateriali paga un acconto al fornitore di € 1.000 +Iva.

NUM.REG.	DATA REG.	CAUSALE	N.DOC.	DATA DOCUMENTO	PROTOCOLLO
XXX			XXX		
CODICE		DENOMINAZIONE CONTI		DARE	AVERE
		Acconti a fornitori (immobiliz. Immat)		1.000,00	
		Iva ns/credito		210,00	
		Debiti v/fornitori			1.210,00

N.B. Acconti a fornitori (immobilizzazioni immateriali): conto finanziario, credito.

Rappresentazione in bilancio

Descrizione del conto	Anno N + 1	Anno N	COLORI
Stato patrimoniale attivo			
....			
B) Immobilizzazioni			
I) Immobilizzazioni immateriali			
1) Costi di impianto e di ampliamento			
2) Costi di ricerca, sviluppo e di pubblicità			
3) Diritti di brev. Ind. e diritti di util. di opere dell'ingegno			
4) Concessioni, licenze, marchi e diritti simili			
5) Avviamento			
6) Immobilizzazioni in corso e acconti			
a) Immobilizzazioni in corso		**10.000**	
b) Acconti a fornitori		**1.000**	
7) Altre ...			
Totale	**0**	**11.000**	
....			

Consultando le tabelle dei conti e le regole di registrazione. Le “Immobilizzazioni immateriali in corso” nel bilancio sono una *variazione rossa, costi*, mentre gli “Acconti a fornitori (immobilizzazioni immateriali)” sono una variazione *blu, aumento di crediti.*

B) I) 7) Altre immobilizzazioni immateriali

Il legislatore ha previsto che se un fatto di gestione non rientra nelle immobilizzazioni immateriali viste precedentemente, si utilizza questa voce come residuale. Un esempio potrebbero essere i costi per migliorie su beni di terzi che non sono separabili dai beni stessi.

🕮 RIFERIMENTI NORMATIVI	
TUIR	art. 108, comma 3 e 4: *Spese relative a più esercizi* «sono deducibili nel limite della quota imputabile a ciascun esercizio».

Contabilità e bilancio

Ad esempio, in data 21.01.N si stipula un contratto di affitto per l'ufficio della durata di sei anni, rinnovabile alla scadenza di altri sei (6 + 6). Il predetto contratto prevede che le spese per migliorie di beni di terzi sono a carico del locatario. In data 25.02.N si sostituiscono tutte le finestre pagando € 12.000 + Iva. Al 31.12.N si registra la quota di ammortamento.

a) registrazione della fattura:

NUM.REG.	DATA REG.	CAUSALE		N.DOC.	DATA DOCUMENTO		PROTOCOLLO
XXX				XXX			
CODICE		DENOMINAZIONE CONTI				DARE	AVERE
		Altre immobilizzazioni immateriali				12.000,00	
		Iva ns/credito				2.520,00	
		Debiti v/fornitori					14.520,00

b) registrazione della quota di ammortamento al 31.12.N.

Le migliorie di beni di terzi di € 12.000 sono deducibili nei limiti della quota imputabile a ciascun esercizio. In altri termini, il predetto importo è ripartito in 12 anni e la quota annuale di ammortamento è € 1.000. Nell'esempio preso in esame si ipotizza che il contratto sarà rinnovato alla scadenza dei primi sei anni. In caso contrario la somma residua graverà come costo di esercizio:

NUM.REG.	DATA REG.	CAUSALE		N.DOC.	DATA DOCUMENTO		PROTOCOLLO
XXX	31.12.N			XXX			
CODICE		DENOMINAZIONE CONTI				DARE	AVERE
		Amm.altre immobilizzazioni immateriali				1.000,00	
		F.do amm.altre immobiliz. Immateriali					1.000,00

Rappresentazione in bilancio

Descrizione del conto	Anno N + 1	Anno N	COLORI
Stato patrimoniale attivo			
....			
B) Immobilizzazioni			
I) Immobilizzazioni immateriali			
1) Costi di impianto e di ampliamento			
2) Costi di ricerca, sviluppo e di pubblicità			
3) Diritti di brev. Ind. e diritti di util. di opere dell'ingegno			
4) Concessioni, licenze, marchi e diritti simili			
5) Avviamento			
6) Immobilizzazioni in corso e acconti			
7) Altre ...		**11.000**	

SEGRETO n. 10: la voce B) I) 7) "Altre Immobilizzazioni

immateriali", utilizzando la tabella di classificazione dei conti e le regole di registrazione, constatiamo che è di colore rosso.

Nel bilancio di esercizio € 11.000 è il risultato della differenza tra "Altre immobilizzazioni immateriali" di € 12.000 e il relativo "Fondo di ammortamento altre immobilizzazioni immateriali" di € 1.000. Utilizzando la tabelle dei conti e le regole di registrazione, la voce "Altre immobilizzazioni immateriali" possiamo spiegarla come *variazione rossa, costi.*

RIEPILOGO DEL CAPITOLO 2:

- SEGRETO n. 6: lo stato patrimoniale, con un po' di fantasia, può essere paragonato a un albero i cui rami sono rappresentati dai vari elementi attivi, passivi e dal patrimonio netto.
- SEGRETO n. 7: lo stato patrimoniale a colori, oltre a essere più bello esteticamente, ne facilita anche la comprensione e la memorizzazione.
- SEGRETO n. 8: la classe A) Crediti verso soci per versamenti ancora dovuti, utilizzando la tabella di classificazione dei conti e le regole di registrazione, è di colore blu.
- SEGRETO n. 9: le immobilizzazioni immateriali sono degli elementi dello stato patrimoniale non tangibili, ma che danno la loro utilità per più esercizi.
- SEGRETO n. 10: la voce B) I) 7) "Altre Immobilizzazioni immateriali", utilizzando la tabella di classificazione dei conti e le regole di registrazione, constatiamo che è di colore rosso.

CAPITOLO 3:

Come redigere le Immobilizzazioni, l'Attivo circolante, i Ratei e i Risconti

B) II) Immobilizzazioni materiali

Le immobilizzazioni materiali sono i beni utilizzati dall'impresa per svolgere la sua attività tipica o caratteristica, il loro uso è durevole e rientrano nell'organizzazione permanente.

🕮 RIFERIMENTI NORMATIVI		
Codice Civile	art. 2426	
TUIR	art. 102	
Principi contabili	n. 16	www.fondazioneoic.eu

B) II) 1) Terreni e fabbricati

Terreni: in questa voce rientrano le pertinenze fondiarie degli stabilimenti, fondi e terreni agricoli, moli, ormeggi e banchine, terreni e pertinenze di autostrade, cave ecc.

Fabbricati civili: in questa voce rientrano gli immobili destinati a uso di abitazione civile o a uso alberghiero turistico, termale, sportivo, balneare, terapeutico. Comprende, inoltre, collegi, colonie, asili nido, scuole materne e edifici atti allo svolgimento di altre attività accessorie.

Fabbricati industriali: in questa voce rientrano fabbricati e stabilimenti con destinazione industriale, opere idrauliche fisse, silos, piazzali e recinzioni, autorimesse, officine, oleodotti, opere di urbanizzazione, fabbricati a uso amministrativo, commerciale, uffici, negozi, esposizioni, magazzini e altre opere murarie.

Costruzioni leggere: in questa voce rientrano tettoie, baracche, costruzioni precarie e simili.

🕮 **RIFERIMENTI NORMATIVI**
Circolare ministeriale 17.5.2000 n. 98 «i terreni [...] non sono ammortizzabili»

Contabilità e bilancio

Ad esempio, in data 21.03.N. la società Rossi S.r.l. acquista un fabbricato di € 300.000 + Iva. Il valore forfettario del terreno è del 30%, quindi € 90.000. Al 31.12.N si registra la quota di ammortamento con un coefficiente di ammortamento del 3%.

a) registrazione della fattura:

NUM.REG.	DATA REG.	CAUSALE	N.DOC.	DATA DOCUMENTO		PROTOCOLLO
XXX			XXX			
CODICE		DENOMINAZIONE CONTI			DARE	AVERE
		Terreni e fabbricati			300.000,00	
		Iva ns/credito			63.000,00	
		Debiti v/fornitori				363.000,00

b) calcolo e registrazione della quota di ammortamento al 31.12.N:

NUM.REG.	DATA REG.	CAUSALE	N.DOC.	DATA DOCUMENTO		PROTOCOLLO
XXX	31.12.N		XXX			
CODICE		DENOMINAZIONE CONTI			DARE	AVERE
		Amm.terreni e fabbricati			9.000,00	
		F.do amm.terreni e fabbricati				9.000,00

La quota di ammortamento deducibile è stata calcolata sul costo del fabbricato al netto del valore del terreno:

300.000	-	90.000	=	210.000	
210.000	x	3%	=	6.300	ammortamento deducibile
90.000	x	3%	=	2.700	ammortamento non deducibile
			totale	9.000	

Nella dichiarazione dei redditi si dovrà effettuare una variazione in aumento di € 2.700.

Rappresentazione in bilancio

Descrizione del conto	Anno N + 1	Anno N	COLORI
Stato patrimoniale attivo			
....			
II) Immobilizzazioni materiali			
1) Terreni e fabbricati		291.000	
2) Impianti e macchinario			
....			

Nel bilancio di esercizio € 291.000 è il risultato della differenza tra "Terreni e fabbricati" di € 300.000 e il relativo "Fondo di ammortamento terreni e fabbricati" di € 9.000. Utilizzando la tabelle dei conti e le regole di registrazione, la voce "Terreni e fabbricati " possiamo spiegarla come *variazione rossa, costi.*

B) II) 2) Impianti e macchinari

Impianti generici: sono quelli legati agli edifici ove sono installati e possono non essere direttamente impiegati nel processo produttivo. In questa voce rientrano gli impianti di produzione e distribuzione energia, officine di manutenzione, raccordi e materiale rotabile, mezzi per traino e sollevamento, centrali di conversione, parco motori, pompe, impianti di trasporto interno, servizi vapore, riscaldamento e condizionamento, impianti di allarme.

Impianti specifici: sono connessi a specifiche attività produttive. Ad esempio, un impianto per una lavorazione industriale (che trasforma la materia prima in prodotto finito).

Altri impianti: è una categoria residuale; un esempio potrebbero essere i forni e loro pertinenze.

Macchinari: è l'insieme delle macchine di cui è dotato uno stabilimento industriale. Possono essere macchinari automatici e non automatici.

Contabilità e bilancio

Esempio: la società Rossi S.p.A. nell'anno N ha acquistato un impianto pagandolo € 100.000 + Iva. Alla fine dell'esercizio si calcola la quota di ammortamento con un coefficiente del 10%.

a) registrazione della fattura:

NUM.REG.	DATA REG.	CAUSALE	N.DOC.	DATA DOCUMENTO		PROTOCOLLO
XXX			XXX			
CODICE		DENOMINAZIONE CONTI			DARE	AVERE
		Impianti e macchinario			100.000,00	
		Iva ns/credito			21.000,00	
		Debiti v/fornitori				121.000,00

b) registrazione della quota di ammortamento al 31.12.N:

NUM.REG.	DATA REG.	CAUSALE		N.DOC.	DATA DOCUMENTO		PROTOCOLLO
xxx	31.12.N			xxx			
CODICE		DENOMINAZIONE CONTI				DARE	AVERE
		Ammortamento impianti e macchinario				10.000,00	
		Fondo amm. Impianti e macchinario					10.000,00

Rappresentazione in bilancio

Descrizione del conto	Anno N + 1	Anno N	COLORI
Stato patrimoniale attivo			
....			
II) Immobilizzazioni materiali			
1) Terreni e fabbricati			
2) Impianti e macchinario		**90.000**	
3) Attrezzature industriali e commerciali			
4) Altri beni			
5) Immobilizzazioni in corso e acconti			
a) Immobilizzazioni in corso			
b) Acconti a fornitori			
Totale	**0**	**90.000**	
....			

Nel bilancio di esercizio € 90.000 è il risultato della differenza tra "Impianti e macchinario" di € 100.000 e il relativo "Fondo di ammortamento impianti e macchinario" di € 10.000. Utilizzando la tabelle dei conti e le regole di registrazione, la voce "Impianti e macchinario " possiamo spiegarla come *variazione rossa, costi.*

B) II) 3) Attrezzature industriali e commerciali

Le attrezzature industriali e commerciali sono beni materiali complementari e/o ausiliari agli impianti e macchinari con i quali viene esercitata l'attività produttiva dell'impresa.

Attrezzature: di officina, attrezzi di laboratorio, equipaggiamenti e ricambi, attrezzatura commerciale e di mensa (ad esempio, il registratore di cassa).

Attrezzatura varia: è quella che completa il funzionamento degli impianti e macchinari e si usura rapidamente (ad esempio, gli utensili).

Le attrezzature si distinguono rispetto agli impianti e macchinari per la minore vita utile.

Contabilità e bilancio

Esempio: la società Bianchi S.r.l., nell'anno N, ha acquistato delle attrezzature commerciali pagandole € 1.000 + Iva. Alla fine dell'esercizio si calcola la quota di ammortamento con un coefficiente del 10%.

a) registrazione della fattura:

NUM.REG.	DATA REG.	CAUSALE	N.DOC.	DATA DOCUMENTO		PROTOCOLLO
XXX			XXX			
CODICE		DENOMINAZIONE CONTI			DARE	AVERE
		Attrezzature industriali e commerciali			1.000,00	
		Iva ns/credito			210,00	
		Debiti v/fornitori				1.210,00

b) registrazione della quota di ammortamento al 31.12.N:

NUM.REG.	DATA REG.	CAUSALE	N.DOC.	DATA DOCUMENTO		PROTOCOLLO
XXX	31.12.N		XXX			
CODICE		DENOMINAZIONE CONTI			DARE	AVERE
		Ammortamento attrezzature indust.e comm.			100,00	
		Fondo amm. Impianti e macchinario				100,00

Rappresentazione in bilancio

Descrizione del conto	Anno N + 1	Anno N	COLORI
Stato patrimoniale attivo			
....			
II) Immobilizzazioni materiali			
1) Terreni e fabbricati			
2) Impianti e macchinario			
3) Attrezzature industriali e commerciali		**900**	
4) Altri beni			
5) Immobilizzazioni in corso e acconti			
a) Immobilizzazioni in corso			
b) Acconti a fornitori			
Totale	**0**	**900**	
....			

Nel bilancio di esercizio, € 900 è il risultato della differenza tra “Attrezzature industriali e commerciali” di € 1.000 e il relativo “Fondo di ammortamento attrezzature industriali e commerciali” di € 100. Utilizzando la tabelle dei conti e le regole di registrazione, la voce "Attrezzature industriali e commerciali" possiamo spiegarla come *variazione rossa, costi.*

SEGRETO n. 11: la voce B) II) 3) "Attrezzature industriali e commerciali", utilizzando la tabella di classificazione dei conti e le regole di registrazione, vediamo che è di colore rosso.

B) II) 4) Altri beni

La voce altri beni è residuale e comprende:

- *mobili*: mobili, arredi e dotazioni di ufficio, mobili e dotazioni di laboratorio di officina, di magazzino e di reparto, mobili e dotazioni per mense, servizi sanitari e assistenziali;
- *macchine da ufficio*: comprende le macchine ordinarie di ufficio, elettromeccaniche ed elettroniche, comprese le apparecchiature dei Centri Elaborazione Dati e i sistemi telefonici elettronici;
- *automezzi*: autovetture, autocarri, altri automezzi, motoveicoli e simili, mezzi di trasporto interni;
- *migliorie a beni di terzi;*
- *imballaggi da riutilizzare*;
- *beni gratuitamente devolvibili.*

Contabilità e bilancio

Esempio: la società Gialli S.r.l. nell'anno N ha acquistato un computer pagandolo € 2.000 + Iva. Alla fine dell'esercizio si calcola la quota di ammortamento con un coefficiente del 20%.

a) registrazione della fattura:

NUM.REG.	DATA REG.	CAUSALE	N.DOC.	DATA DOCUMENTO		PROTOCOLLO
xxx			xxx			
CODICE		DENOMINAZIONE CONTI			DARE	AVERE
		Altri beni			2.000,00	
		Iva ns/credito			420,00	
		Debiti v/fornitori				2.420,00

b) registrazione della quota di ammortamento al 31.12.N:

NUM.REG.	DATA REG.	CAUSALE	N.DOC.	DATA DOCUMENTO		PROTOCOLLO
xxx	31.12.N		xxx			
CODICE		DENOMINAZIONE CONTI			DARE	AVERE
		Ammortamento altri beni			400,00	
		Fondo amm. Altri beni				400,00

Rappresentazione in bilancio

Descrizione del conto	Anno N + 1	Anno N	COLORI
Stato patrimoniale attivo			
....			
II) Immobilizzazioni materiali			
1) Terreni e fabbricati			
2) Impianti e macchinario			
3) Attrezzature industriali e commerciali			
4) Altri beni		**1.600**	
5) Immobilizzazioni in corso e acconti			
a) Immobilizzazioni in corso			
b) Acconti a fornitori			
Totale	**0**	**1.600**	

B) II) 5) Immobilizzazioni in corso e acconti

Nella predetta voce troviamo:

- le immobilizzazioni materiali in corso di realizzazione;
- gli acconti a fornitori per l'acquisizione di immobilizzazioni materiali.

🕮 RIFERIMENTI NORMATIVI	
TUIR	art. 93

Contabilità e bilancio

Esempio: la società Bianchi S.r.l. sostiene dei costi per lavori in economia per € 4.000, e acconti per € 1.000. Registrazione dei lavori in economia:

NUM.REG.	DATA REG.	CAUSALE	N.DOC.			PROTOCOLLO
XXX			XXX			
CODICE		DENOMINAZIONE CONTI			DARE	AVERE
		Immobilizzazioni in corso (materiali)			4.000,00	
		Incrementi immob. per lavori Interni				4.000,00

N.B. Immobilizzazioni in corso (materiali): conto economico, costo pluriennale.

Registrazione dell'acconto:

NUM.REG.	DATA REG.	CAUSALE	N.DOC.	DATA DOCUMENTO		PROTOCOLLO
XXX			XXX			
CODICE		DENOMINAZIONE CONTI			DARE	AVERE
		Acconti a fornitori (immobiliz. materiali)			1.000,00	
		Iva ns/credito			210,00	
		Debiti v/fornitori				1.210,00

NB: Acconti a fornitori (immob. mat.): conto finanziario, credito.

Rappresentazione in bilancio

Descrizione del conto	Anno N + 1	Anno N	COLORI
Stato patrimoniale attivo			
....			
II) Immobilizzazioni materiali			
1) Terreni e fabbricati			
2) Impianti e macchinario			
3) Attrezzature industriali e commerciali			
4) Altri beni			
5) Immobilizzazioni in corso e acconti			
a) Immobilizzazioni in corso		**4.000**	
b) Acconti a fornitori		**1.000**	
....			

B) III) Immobilizzazioni finanziarie

Le immobilizzazioni finanziarie sono dei crediti finanziari con una durata medio lunga. Alcuni esempi potrebbero essere le partecipazioni, i crediti a medio lungo termine, le azioni proprie ecc.

B) III) 1) Partecipazioni

Le partecipazioni sono delle immobilizzazioni che l'azienda ha per un fine strategico. Tale fine si consegue quando l'azienda esercita un controllo/collegamento su altre imprese che le permette un vantaggio.

🕮 RIFERIMENTI NORMATIVI		
Codice Civile	art. 2359	
Principi contabili	n. 3	www.fondazioneoic.eu

Ad esempio la società Rossi S.p.A. può possedere delle partecipazioni in:

- imprese controllate, quando ha più del 50% dei voti all'assemblea ordinaria della società Verdi S.p.A.;
- imprese collegate, quando ha più del 20% oppure più del 10% se quotata in borsa, dei voti all'assemblea ordinaria della società Viola S.p.A.;
- imprese controllanti, quando la società Rossi S.p.A. possiede delle partecipazioni nella società Gialli S.p.A., la quale controlla la società Rossi S.p.A. In altri termini la società Gialli S.p.A. ha la maggioranza dei voti, ossia più del 50%, della società Rossi S.p.A., la quale ha una partecipazione nella società Gialli S.p.A.;
- imprese per importi minimi, quindi minori del 20% oppure minori del 10% se quotate in borsa, sono partecipazioni di minoranza, ad esempio dell'1% dei voti all'assemblea ordinaria della società Bianchi S.p.A.

Contabilità e bilancio

Esempio: acquisto dell'1% del capitale della società Rossi S.p.A:

NUM.REG.	DATA REG.	CAUSALE		N.DOC.	DATA	DOCUMENTO	PROTOCOLLO
XXX				XXX			
CODICE		DENOMINAZIONE CONTI				DARE	AVERE
		Partecipazioni in altre imprese				100.000,00	
		Banca xy c/c					100.000,00

N.B.: Partecipazione in altre imprese: conto economico di reddito, costo sospeso.

Rappresentazione in bilancio

Descrizione del conto	Anno N + 1	Anno N	COLORI
Stato patrimoniale attivo			
……………….	…	….	
III) Immobilizzazioni finanziarie			
1) Partecipazioni in:			
a) Imprese controllate			
b) Imprese collegate			
c) Imprese controllanti			
d) Altre imprese		**100.000**	
………………..			

B) III) 2) Crediti

I crediti presi in esame sono dei prestiti che sono erogati a società controllate, collegate, controllanti e verso altri.

Aspetto contabile. Esempio: si eroga un prestito alla società controllata Verdi S.p.A. di € 200.000.

NUM.REG.	DATA REG.	CAUSALE		N.DOC.	DATA	DOCUMENTO	PROTOCOLLO
XXX				XXX			
CODICE		DENOMINAZIONE CONTI				DARE	AVERE
		Crediti verso imprese controllate				200.000,00	
		Banca xy c/c					200.000,00

Rappresentazione in bilancio

III) Immobilizzazioni finanziarie	Anno N + 1	Anno N	COLORI
....			
2) Crediti			
a) Verso imprese controllate			
1) Entro 12 mesi			
2) Oltre 12 mesi		200.000	
b) Verso imprese collegate			
1) Entro 12 mesi			
2) Oltre 12 mesi			
c) Verso controllanti			
1) Entro 12 mesi			
2) Oltre 12 mesi			
d) Verso altri			
1) Entro 12 mesi			
2) Oltre 12 mesi			
....			

B) III) 3) Altri titoli

Altri titoli è una voce residuale che comprende i titoli che gli amministratori della società ritengono di tenere per più anni e non possono essere inseriti precedentemente (BOT, CCT, obbligazioni ecc.).

Contabilità e bilancio

Esempio: sottoscrizione di n. 1.000 obbligazioni della società Rossi S.p.A.

NUM.REG.	DATA REG.	CAUSALE	N.DOC.	DATA DOCUMENTO	PROTOCOLLO
XXX			XXX		
CODICE		DENOMINAZIONE CONTI		DARE	AVERE
		Altri titoli (immobilizzazioni finanziarie)		10.000,00	
		Banca xy c/c			10.000,00

Rappresentazione in bilancio

III) Immobilizzazioni finanziarie	Anno N + 1	Anno N	COLORI
....			
3) Altri titoli		10.000	
4) Azioni proprie			
a) Valore nominale			
Totale	0	10.000	
....			

B) III) 4) Azioni proprie

Le società per azioni, a determinate condizioni, possono acquistare le azioni proprie. Tali azioni saranno inserite nelle immobilizzazioni, se l'organo amministrativo ha deciso di tenerle durevolmente, in caso contrario, saranno inserite nell'attivo circolante.

🕮 RIFERIMENTI NORMATIVI		
Codice Civile	artt. 2355 e 2360	
Principi contabili	n. 20	www.fondazioneoic.eu

Contabilità e bilancio

Esempio: acquisto di n. 10.000 azioni proprie a € 10.

NUM.REG.	DATA REG.	CAUSALE	N.DOC.	DATA DOCUMENTO		PROTOCOLLO
XXX			XXX			
CODICE		DENOMINAZIONE CONTI			DARE	AVERE
		Azioni proprie			100.000,00	
		Banca xy c/c				100.000,00

Rappresentazione in bilancio

III) Immobilizzazioni finanziarie	Anno N + 1	Anno N	COLORI
....			
3) Altri titoli			
4) Azioni proprie			
a) Valore nominale		100.000	
....			

SEGRETO n. 12: la sottovoce B) III) 4) a) "Valore nominale delle azioni proprie", utilizzando la tabella di classificazione dei conti e le regole di registrazione, emerge che è di colore rosso.

Attivo circolante

C) I) Rimanenze

Le rimanenze sono dei beni che abbiamo acquistato per la vendita/produzione, ma che alla fine dell'esercizio rimangono nel nostro magazzino. Più precisamente parliamo di: materie prime, sussidiarie e di consumo; prodotti in corso di lavorazione e semilavorati; lavori in corso su ordinazione; prodotti finiti e merci.

🕮 RIFERIMENTI NORMATIVI		
Codice Civile	art. 2426, comma 1, n. 9 e n. 10	
Principi contabili	n. 12 n. 13	www.fondazioneoic.eu

Contabilità e bilancio

Esempio: le rimanenze finali di merci al 31.12.N della società Rossi S.p.A. sono € 20.000.

NUM.REG.	DATA REG.	CAUSALE		N.DOC.	DATA DOCUMENTO		PROTOCOLLO
XXX				XXX			
CODICE		DENOMINAZIONE CONTI				DARE	AVERE
		Merci				20.000,00	
		Merci c/rimanenze finali					20.000,00

Rappresentazione in bilancio

Descrizione del conto	Anno N + 1	Anno N	COLORI
Stato patrimoniale attivo			
....			
C) Attivo circolante			
I) Rimanenze			
1) Materie prime, sussidiarie e di consumo			
2) Prodotti in corso di lavorazione e semilavorati			
3) Lavori in corso su ordinazione			
4) Prodotti finiti e merci		**10.000**	
5) Acconti			
....			

SEGRETO n. 13: la voce C) I) 2) "Prodotti finiti e merci", utilizzando la tabella di classificazione dei conti e le regole di registrazione, appuriamo che è di colore è rosso.

C) II) Crediti

In questa classe troviamo i seguenti crediti: verso clienti, verso imprese controllate, verso imprese collegate, verso controllanti (crediti tributari e imposte anticipate), verso altri.

RIFERIMENTI NORMATIVI		
Codice Civile	art. 2426, comma 1, punto 8	
TUIR	art. 106	
Principi contabili	n. 15	www.fondazioneoic.eu

Contabilità e bilancio

Esempio: in data 10.12 si vendono delle merci alla Ditta Rossi per € 2.000 +I.V.A:

NUM.REG.	DATA REG.	CAUSALE	N.DOC.	DATA DOCUMENTO		PROTOCOLLO
XXX		Fattura di vendita	1			
CODICE		DENOMINAZIONE CONTI	CLIENTI		DARE	AVERE
		Crediti v/clienti	Rossi F.		2.420,00	
		Merci c/vendite				2.000,00
		Iva ns/debito				420,00

Rappresentazione in bilancio

I crediti verso clienti si rappresentano in bilancio al netto del relativo fondo svalutazione crediti. Ipotizzando di rappresentare in bilancio i crediti verso i clienti di € 2.420 al netto del fondo svalutazione crediti di € 50, si ha la seguente situazione:

Descrizione del conto	Anno N + 1	Anno N	COLORI
Stato patrimoniale attivo			
....			
C) Attivo circolante			
....			
II) Crediti			
1) Verso clienti			
1) Esigibili entro 12 mesi		2.370	
2) Esigibili oltre 12 mesi			
....			

SEGRETO n. 14: la voce C) II) 1) "Crediti verso clienti", utilizzando la tabella di classificazione dei conti e le regole di registrazione, osserviamo che è di colore blu.

C) III) Attività finanziarie che non costituiscono immobilizzazioni

Le attività finanziarie che rientrano in questa classe sono quelle che si prevede di vendere nel breve periodo, più precisamente: partecipazioni in imprese controllate, partecipazioni in imprese collegate, partecipazioni in imprese controllanti, altre partecipazioni, azioni proprie con indicazione anche del valore nominale complessivo, altri titoli.

Aspetto contabile

Esempio: in data 20.12.N acquisto del 2% del capitale della società Verdi S.p.A.; l'amministratore prevede di vendere la predetta partecipazione tra dieci mesi.

NUM.REG.	DATA REG.	CAUSALE		N.DOC.	DATA DOCUMENTO		PROTOCOLLO
XXX				XXX			
CODICE		DENOMINAZIONE CONTI				DARE	AVERE
		Altre partecipazioni				200.000,00	
		Banca xy c/c					200.000,00

Rappresentazione in bilancio

Descrizione del conto	Anno N + 1	Anno N	COLORI
Stato patrimoniale attivo			
…………………	…	….	
III) Attività finanziarie che non costituiscono immobilizzazioni			
1) Partecipazioni in imprese controllate			
2) Partecipazioni in imprese collegate			
3) Partecipazioni in imprese controllanti			
4) Altre partecipazioni		**200.000**	
5) Azioni proprie			
a) Valore nominale			
6) Altri titoli			
………………………….			

C) IV) Disponibilità liquide

Nelle disponibilità liquide troviamo:

1. i depositi bancari e postali;
2. gli assegni;
3. il denaro e valori in cassa.

🕮 RIFERIMENTI NORMATIVI		
Codice Civile	art. 2426, comma 1, punto 8	
Principi contabili	n. 14	www.fondazioneoic.eu

Contabilità e bilancio

Esempio: in data 19.12 si ricevono dalla ditta Rossi in contanti € 100.

NUM.REG.	DATA REG.	CAUSALE	N. DOC.	DATA DOCUMENTO		PROTOCOLLO
xxx		Incasso da cliente	xxx	xxxx		
CODICE		DENOMINAZIONE CONTI	Cliente		DARE	AVERE
		Denaro in cassa			100,00	
		Crediti v/clienti	Rossi F.			100,00

Rappresentazione in bilancio

Descrizione del conto	Anno N + 1	Anno N	COLORI
Stato patrimoniale attivo			
…………………	…	….	
IV) Disponibilità liquide			
1) Depositi bancari e postali			
2) Assegni			
3) Denaro e valori in cassa			
a) Cassa e monete nazionali		**100**	
b) Cassa valute estere			
c) Cassa valori bollati			
d) Altri ...			
…………………………			

SEGRETO n. 15: la voce C) IV) 3) "Denaro e valori in cassa", utilizzando la tabella di classificazione dei conti e le regole di registrazione, appuriamo che è di colore blu.

D) Ratei e risconti attivi, con separata indicazione del disaggio su prestiti

RATEI

Principi contabili

I ratei sono trattati dall'Organismo Italiano di Contabilità (OIC), nel principio contabile n. 18, si veda www.fondazioneoic.eu.

🕮 **RIFERIMENTI NORMATIVI**	
Codice Civile	art. 2424 bis

Nella voce ratei attivi sono iscritti i proventi di competenza dell'esercizio esigibili in esercizi successivi; l'entità è determinata in base al tempo. Utilizzando la contabilità a colori, i ratei attivi sono una variazione blu che misura una variazione verde di competenza dell'esercizio N. La manifestazione finanziaria è posticipata.

Contabilità e bilancio

Esempio: si concede un finanziamento (contratto di mutuo attivo) a una società controllata di € 100.000; tasso di interesse 4% annuo (€ 4.000); incasso degli interessi in data 01.07 di ogni anno (posticipati). Applicando la formula del calcolo dell'interesse:

$$\frac{100.000 * 4 * 6}{1.200} = 2.000,00$$ interessi dal 01/07/N al 31/12/N

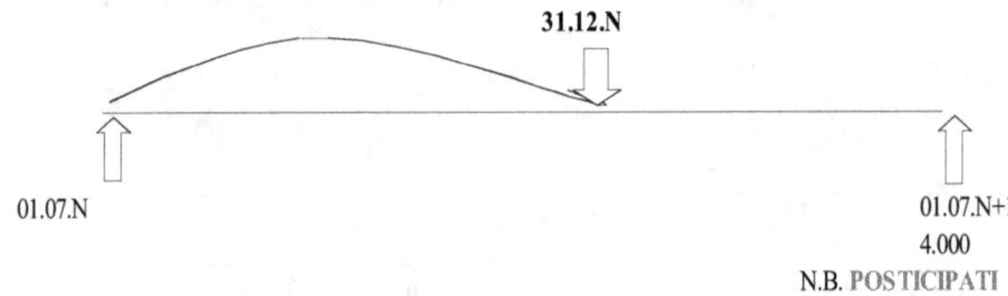

La parte dell'asse temporale dal 01.07.N al 31.12.N evidenzia il ricavo di competenza dell'esercizio. Per quanto riguarda l'aspetto contabile avremo:

xxx	31/12	Scritture d'assestamento	xxx			
CODICE		DENOMINAZIONE CONTI			DARE	AVERE
		Ratei attivi			2.000,00	
		Interessi attivi su mutui				2.000,00

Rappresentazione in bilancio

Descrizione del conto	Anno N + 1	Anno N	COLORI
Stato patrimoniale attivo			
…………………	…	….	
D) Ratei e risconti			
1) Disaggio sui prestiti			
2) Vari			
a) Ratei attivi		2.000	
b) Risconti attivi			

RISCONTI

🕮 RIFERIMENTI NORMATIVI		
Codice Civile	art. 2424 bis	
Principi contabili	n. 18	www.fondazioneoic.eu

Nella voce risconti attivi sono iscritti i costi sostenuti entro la chiusura dell'esercizio, ma di competenza di esercizi successivi; l'entità è determinata in base al tempo.

Utilizzando la contabilità a colori i risconti attivi sono una variazione rossa (costo sospeso), sostenuti entro la chiusura dell'esercizio (anticipati), ma di competenza di esercizi successivi.

Contabilità e bilancio

Esempio: si stipula un contratto di affitto di un edificio industriale di € 120.000; la data di pagamento è 01.11 di ogni anno (anticipato).

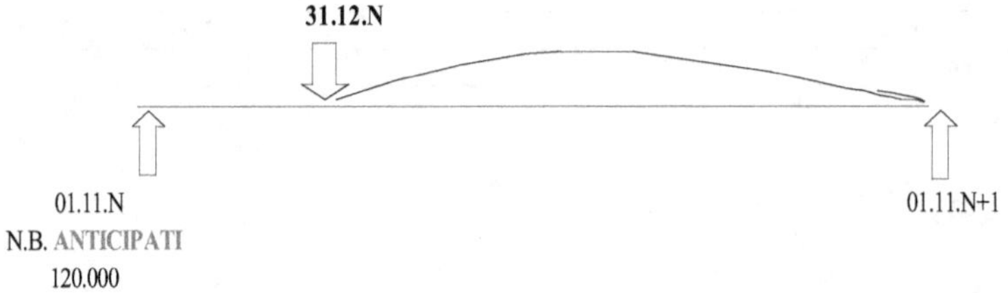

La parte dell'asse temporale dal 01.01.N+1 all'01.11.N+1 evidenzia i costi sostenuti in via anticipata in data 01.11.N, ma di competenza dell'esercizio N+1. L'importo del risconto può essere determinato come segue:

$$\frac{120.000 \times 10}{12} = 100.000{,}00$$

Per quanto riguarda l'aspetto contabile avremo:

NUM.REG.	DATA REG.	CAUSALE	N.DOC.	DATA DOCUMENTO		PROTOCOLLO
XXX	31/12	Scritture d'assestamento	XXX			
CODICE		DENOMINAZIONE CONTI			DARE	AVERE
		Risconti attivi			100.000,00	
		Fitti passivi				100.000,00

Rappresentazione in bilancio

Descrizione del conto	Anno N + 1	Anno N	COLORI
Stato patrimoniale attivo			
…………………..	…	….	
D) Ratei e risconti			
1) Disaggio sui prestiti			
2) Vari			
a) Ratei attivi			
b) Risconti attivi		100.000	
…………………………….			

Disaggio su prestiti

Il disaggio su prestiti è un costo finanziario anticipato che troviamo nell'attivo dello stato patrimoniale al netto delle quote di competenza che sono state imputate negli esercizi precedenti. Il predetto costo deriva dal fatto che le obbligazioni sono state emesse sotto la pari (al di sotto del valore nominale).

🕮 RIFERIMENTI NORMATIVI		
Codice Civile	L'articolo 2426 comma 1, punto 7 del Codice Civile prevede le disposizioni relative al disaggio su prestiti. Più precisamente prevede «il disaggio su prestiti deve essere iscritto nell'attivo e ammortizzato in ogni esercizio per il periodo di durata del prestito».	
Principi contabili	n. 18	www.fondazioneoic.eu

Contabilità e bilancio

Esempio: la società Rossi S.p.A., per far fronte alle sue necessità finanziarie, emette un prestito obbligazionario di € 1.000.000; il valore nominale delle obbligazione è di € 1, il prezzo di emissione è di 0,95, il rimborso è previsto in cinque anni. Il disaggio di emissione è di € 50.000 (0,05 x 1.000.000).

NUM.REG.	DATA REG.	CAUSALE	N. DOC.	DATA DOCUMENTO		PROTOCOLLO
xxx		Incasso da cliente	xxx	xxxx		
CODICE		DENOMINAZIONE CONTI	Cliente		DARE	AVERE
		Obbligazionisti c/sottoscrizioni			950.000,00	
		Disaggio su prestiti			50.000,00	
		Obbligazioni (debiti v/obbligazionisti)				1.000.000

Registrazione dell'ammortamento:

NUM.REG.	DATA REG.	CAUSALE	N. DOC.	DATA DOCUMENTO		PROTOCOLLO
xxx	31/12/N	Incasso da cliente	xxx	xxxx		
CODICE		DENOMINAZIONE CONTI	Cliente		DARE	AVERE
		Ammortamento imm. immat.			10.000,00	
		Disaggio su prestiti				10.000,00

Rappresentazione in bilancio

Descrizione del conto	Anno N + 1	Anno N	COLORI
Stato patrimoniale attivo			
………………..	…	….	
D) Ratei e risconti			
1) Disaggio sui prestiti		40.000	
2) Vari			
a) Ratei attivi			
b) Risconti attivi			
…………………………			

Esercizio 1:

Riepiloga tutte le poste dell'attivo in un foglio di Excel. Senza guardare gli esempi prova ad attribuirgli il relativo colore.

RIEPILOGO DEL CAPITOLO 3:

- SEGRETO n. 11: la voce B) II) 3) "Attrezzature industriali e commerciali", utilizzando la tabella di classificazione dei conti e le regole di registrazione, vediamo che è di colore rosso.
- SEGRETO n. 12: la sottovoce B) III) 4) a) "Valore nominale delle azioni proprie", utilizzando la tabella di classificazione dei conti e le regole di registrazione, emerge che è di colore rosso.
- SEGRETO n. 13: la voce C) I) 2) "Prodotti finiti e merci", utilizzando la tabella di classificazione dei conti e le regole di registrazione, appuriamo che è di colore rosso.
- SEGRETO n. 14: la voce C) II) 1) "Crediti verso clienti", utilizzando la tabella di classificazione dei conti e le regole di registrazione, osserviamo che è di colore blu.
- SEGRETO n. 15: la voce C) IV) 3) "Denaro e valori in cassa", utilizzando la tabella di classificazione dei conti e le regole di registrazione, appuriamo che è di colore blu.

CAPITOLO 4:

Come compilare il Patrimonio netto e i Fondi rischi e oneri

Stato patrimoniale: passivo

A) Patrimonio netto

A) I) Capitale

Il capitale sociale è il capitale sottoscritto dai soci (valore nominale) al momento della costituzione della società.

<table>
<tr><th colspan="3">🕮 RIFERIMENTI NORMATIVI</th></tr>
<tr><td>Codice Civile</td><td colspan="2">Gli artt. 2463 e 2327 del Codice Civile prevedono le disposizioni relative all'ammontare minimo del capitale sociale.
Le eventuali variazioni dagli artt. 2438, 2445 e 2446</td></tr>
<tr><td>Principi contabili</td><td>n. 28</td><td>www.fondazioneoic.eu</td></tr>
</table>

Contabilità e bilancio

La registrazione al momento della sottoscrizione è la seguente:

NUM.REG.	DATA REG.	CAUSALE	N.DOC.	DATA	DOCUMENTO	PROTOCOLLO
xxx			xxx			
CODICE		DENOMINAZIONE CONTI			DARE	AVERE
		Crediti v/soci per versamenti ancora dovuti			1.000.000,00	
		Capitale sociale				1.000.000,00

Rappresentazione in bilancio

Descrizione del conto	Anno N + 1	Anno N	COLORI
Stato patrimoniale passivo			
………………..	**…**	**….**	
A) Patrimonio netto			
I) Capitale		**1.000.000**	
II) Riserva da sovrapprezzo delle azioni			
III) Riserve di rivalutazione			
IV) Riserva legale			
V) Riserve statutarie			
VI) Riserva per azioni proprie in portafoglio			
VII) Altre riserve			
VIII) Utili (perdite) portati a nuovo			
IX) Utile (Perdita) dell'esercizio			
1) Utile d'esercizio			
2) (Perdita d'esercizio)			
………………..			

SEGRETO n. 16: se prendiamo in esame la sottoclasse I) Capitale, utilizzando la tabella di classificazione dei conti e le regole di registrazione, notiamo che è di colore giallo.

A) II) Riserva da sovrapprezzo azioni

La riserva per sovrapprezzo azioni è la differenza tra il prezzo di emissione delle azioni e il relativo valore nominale.

🕮 RIFERIMENTI NORMATIVI		
Codice Civile	art. 2431	
Principi contabili	n. 28	www.fondazioneoic.eu

Contabilità e bilancio

L'assemblea della società Verdi S.p.A. ha deliberato l'aumento del capitale sociale da € 600.000 a € 1.000.000. Si prevede l'emissione di 40.000 azioni del valore nominale di € 10, con sovrapprezzo di € 1. La registrazione è la seguente:

xxx				xxx			
CODICE		DENOMINAZIONE CONTI				DARE	AVERE
		Crediti v/soci per versamenti ancora dovuti				440.000,00	
		Capitale sociale					400.000,00
		Riserva sovrapprezzo azioni					40.000,00

Rappresentazione in bilancio

A) Patrimonio netto			
I) Capitale		**1.000.000**	
II) Riserva da sovrapprezzo delle azioni		**40.000**	
…………………			

A) III) Riserve di rivalutazione

La riserva di rivalutazione è una riserva che permette il riallineamento dei valori contabili ai valori effettivi delle immobilizzazioni. È prevista da leggi speciali.

Contabilità e bilancio

Esempio: ipotizziamo di rivalutare un fabbricato, dai nostri calcoli risulta una rivalutazione di € 200.000 e un'imposta sostitutiva di € 5.000.00. La registrazione è la seguente:

XXX				XXX			
CODICE		DENOMINAZIONE CONTI				DARE	AVERE
		Terreni e fabbricati				205.000,00	
		Riserva di rivalutazione L.xx					200.000,00
		Debiti tributari					5.000,00

Rappresentazione in bilancio

Descrizione del conto	Anno N + 1	Anno N	COLORI
Stato patrimoniale passivo			
………………..	…	….	
A) Patrimonio netto			
I) Capitale			
II) Riserva da sovrapprezzo delle azioni			
III) Riserve di rivalutazione		200.000	
IV) Riserva legale			
V) Riserve statutarie			
VI) Riserva per azioni proprie in portafoglio			
VII) Altre riserve			
VIII) Utili (perdite) portati a nuovo			
IX) Utile (Perdita) dell'esercizio			
1) Utile d'esercizio			
2) (Perdita d'esercizio)			
………………..			

A) IV) Riserva legale

La riserva legale è una riserva obbligatoria che si calcola sugli utili netti annuali.

🕮 RIFERIMENTI NORMATIVI		
Codice Civile	L'articolo 2430 del Codice Civile prevede le disposizioni relative alla riserva legale. È obbligatorio accantonare **almeno** il 5% (la ventesima parte) degli utili netti annuali a riserva legale finché la riserva è uguale al 20% (il quinto) del capitale sociale.	
Principi contabili	n. 28	www.fondazioneoic.eu

Contabilità e bilancio

Esempio, in data 29.04.N+1 l'assemblea dei soci approva il bilancio di esercizio dell'anno N. Inoltre delibera di destinare l'utile di esercizio a riserva legale (5%) e a riserva straordinaria per la somma residua.

Al 31.12.N la situazione è la seguente: il capitale sociale è di € 1.000.000, la riserva legale è di € 100.000, l'utile di esercizio è di € 50.000. La registrazione è la seguente:

NUM.REG.	DATA REG.	CAUSALE	N.DOC.	DATA DOCUMENTO		PROTOCOLLO
XXX	29.04.N+1		XXX			
CODICE		DENOMINAZIONE CONTI			DARE	AVERE
		Utili d'esercizio			50.000,00	
		Riserva legale				2.500,00
		Riserva straordinaria				47.500,00

Rappresentazione in bilancio anno N+1

Descrizione del conto	Anno N + 1	Anno N	COLORI
Stato patrimoniale passivo			
………………..	…		
A) Patrimonio netto			
I) Capitale	1.000.000		
II) Riserva da sovrapprezzo delle azioni			
III) Riserve di rivalutazione			
IV) Riserva legale	102.500		
V) Riserve statutarie			
VI) Riserva per azioni proprie in portafoglio			
VII) Altre riserve			
1) Riserva straordinaria	47.500		
VIII) Utili (perdite) portati a nuovo			
IX) Utile (Perdita) dell'esercizio			
1) Utile d'esercizio			
2) (Perdita d'esercizio)			
………………..			

SEGRETO n. 17: è obbligatorio accantonare almeno il 5% (la ventesima parte) degli utili netti annuali a riserva legale finché la riserva è maggiore o uguale al 20% (il quinto) del capitale sociale.

A) V) Riserve statutarie

Le riserve statutarie si costituiscono in base a quanto stabilito dallo statuto. Più precisamente è lo statuto che prevede la loro formazione e movimentazione.

📖 RIFERIMENTI NORMATIVI		
Principi contabili	n. 28	www.fondazioneoic.eu

Contabilità e bilancio

Riprendendo l'esempio visto precedentemente, in data 29.04.N+1 l'assemblea dei soci approva il bilancio di esercizio dell'anno N.

Inoltre, delibera di destinare l'utile di esercizio a riserva legale (5%), a riserva statutaria (1%) e a riserva straordinaria per la somma residua.

Al 31.12.N la situazione è la seguente: il capitale sociale è di € 1.000.000, la riserva legale è di € 100.000, l'utile di esercizio è di € 50.000.

La registrazione è la seguente:

NUM.REG.	DATA REG.	CAUSALE	N.DOC.	DATA DOCUMENTO		PROTOCOLLO
xxx	29.04.N+1		xxx			
CODICE		DENOMINAZIONE CONTI			DARE	AVERE
		Utili d'esercizio			50.000,00	
		Riserva legale				2.500,00
		Riserva statutaria				500,00
		Riserva straordinaria				47.000,00

Rappresentazione in bilancio anno N+1

Descrizione del conto	Anno N + 1	Anno N	COLORI
Stato patrimoniale passivo			
………………..	…		
A) Patrimonio netto			
I) Capitale	1.000.000		
II) Riserva da sovrapprezzo delle azioni			
III) Riserve di rivalutazione			
IV) Riserva legale	102.500		
V) Riserve statutarie	500		
VI) Riserva per azioni proprie in portafoglio			
VII) Altre riserve			
1) Riserva straordinaria	47.000		
VIII) Utili (perdite) portati a nuovo			
IX) Utile (Perdita) dell'esercizio			
1) Utile d'esercizio			
2) (Perdita d'esercizio)			
………………..			

A) VI) Riserva per azioni proprie in portafoglio

La riserva per azioni proprie in portafoglio è una riserva che si deve costituire quando si acquistano azioni proprie.

🕮 RIFERIMENTI NORMATIVI		
Codice Civile	L'articolo 2357-ter del Codice Civile prevede le disposizioni relative alla disciplina delle proprie azioni. Il predetto articolo prevede «una riserva indisponibile pari all'importo delle azioni proprie iscritto all'attivo del bilancio deve essere costituita e mantenuta finché le azioni non siano trasferite o annullate».	
Principi contabili	n. 28	www.fondazioneoic.eu

Contabilità e bilancio

Esempio: l'assemblea della società Rossi S.p.A. delibera l'acquisto di n. 10.000 azioni proprie a € 10 e la costituzione della Riserva per azioni proprie in portafoglio utilizzando la Riserva straordinaria.

NUM.REG.	DATA REG.	CAUSALE	N.DOC.	DATA DOCUMENTO	PROTOCOLLO
XXX			XXX		
CODICE		DENOMINAZIONE CONTI		DARE	AVERE
		Riserva straordinaria		100.000,00	
		Riserva per azioni proprie in portafoglio			100.000,00

Rappresentazione in bilancio

Descrizione del conto	Anno N + 1	Anno N	COLORI
Stata patrimoniale passivo			
…………………	…		
A) Patrimonio netto			
I) Capitale			
II) Riserva da sovrapprezzo delle azioni			
III) Riserve di rivalutazione			
IV) Riserva legale			
V) Riserve statutarie			
VI) Riserva per azioni proprie in portafoglio		**100.000**	
VII) Altre riserve			
1) Riserva straordinaria			
VIII) Utili (perdite) portati a nuovo			
IX) Utile (Perdita) dell'esercizio			
1) Utile d'esercizio			
2) (Perdita d'esercizio)			
…………………			

A) VII) Altre riserve distintamente indicate

Nella sottoclasse "Altre riserve distintamente indicate"

troviamo le riserve che non abbiamo potuto inserire precedentemente. Possiamo inserire la riserva straordinaria, la riserva per rinnovamento impianti e macchinari, i versamenti in conto futuro aumento di capitale, versamenti a copertura perdite ecc.

A) VIII) Utili (perdite) portati a nuovo

L'assemblea che approva il bilancio decide quando il risultato economico può essere rinviato agli esercizi successivi (in questo caso utilizziamo questa sottoclasse). In caso contrario può decidere la distribuzione ai soci, l'accantonato alle riserve e il ripianamento delle perdite.

SEGRETO n. 18: nelle società è l'assemblea ordinaria che prende delle decisioni in merito alla distribuzione dell'utile o alla copertura della perdita dell'esercizio.

A) IX) Utile (perdita) dell'esercizio

La sottoclasse "Utile (perdita) dell'esercizio" è l'incremento o il decremento del patrimonio per effetto della gestione.

🕮 RIFERIMENTI NORMATIVI		
Codice Civile	art. 2423-ter, comma 3	
Principi contabili	n. 28	www.fondazioneoic.eu

Contabilità e bilancio

Esempio di utile di esercizio: in data 29.04.N+1 l'assemblea dei soci approva il bilancio di esercizio dell'anno N. Al 31.12.N la situazione è la seguente: il capitale sociale è di € 1.000.000, la riserva legale è di € 100.000, l'utile di esercizio è di € 50.000.

Rappresentazione in bilancio

Descrizione del conto	Anno N + 1	Anno N	COLORI
Stato patrimoniale passivo			
………………..	…		
A) Patrimonio netto			
I) Capitale		**1.000.000**	
II) Riserva da sovrapprezzo delle azioni			
III) Riserve di rivalutazione			
IV) Riserva legale		**100.000**	
V) Riserve statutarie			
VI) Riserva per azioni proprie in portafoglio			
VII) Altre riserve			
1) Riserva straordinaria			
VIII) Utili (perdite) portati a nuovo			
IX) Utile (Perdita) dell'esercizio			
1) Utile d'esercizio		**50.000**	
2) (Perdita d'esercizio)			
………………..			

Esempio di perdita di esercizio: in data 29.04.N+1 l'assemblea dei soci approva il bilancio di esercizio dell'anno N. Al 31.12.N, la situazione è la seguente: il capitale sociale è di € 1.000.000, la riserva legale è di € 100.000, la perdita di esercizio è di € 10.000.

Rappresentazione in bilancio

Descrizione del conto	Anno N + 1	Anno N	COLORI
Stato patrimoniale passivo			
………………	...		
A) Patrimonio netto			
I) Capitale		**1.000.000**	
II) Riserva da sovrapprezzo delle azioni			
III) Riserve di rivalutazione			
IV) Riserva legale		**100.000**	
V) Riserve statutarie			
VI) Riserva per azioni proprie in portafoglio			
VII) Altre riserve			
1) Riserva straordinaria			
VIII) Utili (perdite) portati a nuovo			
IX) Utile (Perdita) dell'esercizio			
1) Utile d'esercizio			
2) (Perdita d'esercizio)		**-10.000**	
………………			

SEGRETO n. 19: la sottoclasse A) IX) Perdita dell’esercizio, utilizzando la tabella dei conti e le regole di registrazione, assodiamo che è di colore viola.

B) Fondi per rischi e oneri

La classe “Fondi per rischi e oneri” comprende accantonamenti di natura **determinata**, esistenza **certa,** ma che non conosciamo l’ammontare o la data in cui accadranno.

🕮 RIFERIMENTI NORMATIVI		
Codice Civile	art. 2424-bis, comma 3	
Principi contabili	n. 19	www.fondazioneoic.eu

B) 1) Fondi per trattamento di quiescenza e obblighi simili

Nella voce "Fondi per trattamento di quiescenza e obblighi simili" troviamo ad esempio:

- i fondi di indennità per cessazione di rapporti di collaborazione coordinata e continuativa;
- i fondi di indennità per cessazione di rapporti di agenzia, rappresentanza ecc.

In altri termini, fondi diversi da quanto previsto dall'art. 2120 del Codice Civile che disciplina il trattamento di fine rapporto.

Contabilità e bilancio

Ipotizziamo, ad esempio, che la società Rossi S.p.A. stipuli una polizza assicurativa che garantisce il trattamento di fine mandato dell'amministratore. Il beneficiario della polizza assicurativa è l'amministratore. Ogni anno la società accantona € 5.000 per il trattamento di fine mandato.

Registriamo l'accantonamento dell'indennità di fine mandato dell'amministratore:

NUM.REG.	DATA REG.	CAUSALE	N.DOC.	DATA DOCUMENTO		PROTOCOLLO
XXX			XXX			
CODICE		DENOMINAZIONE CONTI			DARE	AVERE
		Accantonamento indennità di F.M.			5.000,00	
		Fondo accantonamento indennità F.M.				5.000,00

Rappresentazione in bilancio

Descrizione del conto	Anno N + 1	Anno N	COLORI
Stato patrimoniale passivo			
………………..	…		
B) Fondi per rischi e oneri			
1) Fondi di trattamento di quiescenza e obblighi simili		5.000	
2) Fondi per imposte, anche differite			
3) Altri			
………………..			

B) 2) Fondi per imposte, anche differite

🕮 RIFERIMENTI NORMATIVI		
Principi contabili	n. 25	www.fondazioneoic.eu

Fondi per imposte

Nella voce "Fondi per imposte" troviamo imposte che probabilmente ci addebiteranno ma il cui ammontare e la data del pagamento non conosciamo.

Contabilità e bilancio

Ipotizziamo, ad esempio, che la società Verdi S.p.A. dopo un accertamento della Guardia di Finanza inizi un contenzioso alla Commissione Tributaria Provinciale. La società accantona al Fondo per imposte € 100.000. Registriamo l'accantonamento al Fondo per imposte:

NUM.REG.	DATA REG.	CAUSALE	N.DOC.	DATA DOCUMENTO		PROTOCOLLO
XXX			XXX			
CODICE		DENOMINAZIONE CONTI			DARE	AVERE
		Accantonamento a fondo imposte			100.000,00	
		Fondi per imposte				100.000,00

Rappresentazione in bilancio

Descrizione del conto	Anno N + 1	Anno N	COLORI
Stato patrimoniale passivo			
………………..	…		
B) Fondi per rischi e oneri			
1) Fondi di trattamento di quiescenza e obblighi simili			
2) Fondi per imposte, anche differite		**100.000**	
3) Altri			
………………..			

B) 3) Altri

Nella voce "Altri" troviamo dei fondi che rispecchiano il settore dove opera l'impresa. Alcuni esempi possono essere:

- fondo garanzia prodotti;

- fondo manutenzioni programmate;
- fondo per buoni sconto e concorsi a premio;
- fondo responsabilità civile;
- fondo rischi controversie legali ecc.

Contabilità e bilancio

La società Gialli S.p.A. ha degli impianti sui quali si effettuano delle manutenzioni programmate normalmente ogni due anni. Al 31.12.N si accantona al rispettivo fondo € 4.000:

NUM.REG.	DATA REG.	CAUSALE	N.DOC.	DATA DOCUMENTO	PROTOCOLLO
XXX			XXX		
CODICE		DENOMINAZIONE CONTI		DARE	AVERE
		Accantonamento manutenzioni programmate		4.000,00	
		Fondo manutenzioni programmate			4.000,00

Rappresentazione in bilancio

Descrizione del conto	Anno N + 1	Anno N	COLORI
Stato patrimoniale passivo			
……………….	…		
B) Fondi per rischi e oneri			
1) Fondi di trattamento di quiescenza e obblighi simili			
2) Fondi per imposte, anche differite			
3) Altri		**4.000**	
……………….			

SEGRETO n. 20: per quanto riguarda la classe B) Fondi rischi e oneri, utilizzando la tabella di classificazione dei conti e le regole di registrazione, prendiamo atto che è di colore arancio.

RIEPILOGO DEL CAPITOLO 4:

- SEGRETO n. 16: se prendiamo in esame la classe I) Capitale, utilizzando la tabella di classificazione dei conti e le regole di registrazione, notiamo che è di colore giallo.
- SEGRETO n. 17: è obbligatorio accantonare almeno il 5% (la ventesima parte) degli utili netti annuali a riserva legale finché la riserva è maggiore o uguale al 20% (il quinto) del capitale sociale.
- SEGRETO n. 18: nelle società è l'assemblea ordinaria che prende delle decisioni in merito alla distribuzione dell'utile o alla copertura della perdita dell'esercizio.
- SEGRETO n. 19: la sottoclasse A) IX) Perdita dell'esercizio, utilizzando la tabella di classificazione dei conti e le regole di registrazione, assodiamo che è di colore viola.
- SEGRETO n. 20: per quanto riguarda la classe B) Fondi rischi e oneri, utilizzando la tabella di classificazione dei conti e le regole di registrazione, prendiamo atto che è di colore arancio.

CAPITOLO 5:

Come predisporre Trattamento di fine rapporto, Debiti, Ratei, Risconti e Conti d'ordine

C) Trattamento di fine rapporto di lavoro subordinato

La classe "Trattamento di fine rapporto di lavoro subordinato" comprende l'indennità maturata a favore dei dipendenti e di competenza dell'esercizio.

🕮 RIFERIMENTI NORMATIVI		
Codice Civile	art. 2120	
TUIR	art. 105, comma 1. Il TFR accantonato nelle scritture di assestamento è deducibile solo se è di competenza dell'esercizio.	
Principi contabili	n. 19	http://www.fondazioneoic.eu

Contabilità e bilancio

Esempio: la società Rossi S.p.A. ha meno di 50 dipendenti, i quali hanno optato per tenere il TFR in azienda, ipotizziamo che l'importo della quota di TFR di competenza è di € 20.000.00 e l'imposta sostituiva è di € 250.

xxx	31/12	Scritture d'assestamento	xxx			
CODICE		DENOMINAZIONE CONTI			DARE	AVERE
		Trattamento di fine rapporto			20.000,00	
		Debiti per TFR				19.750,00
		Erario c/ritenute da versare				250,00

Rappresentazione in bilancio

Descrizione del conto	Anno N + 1	Anno N	COLORI
Stato patrimoniale passivo			
………………..	…		
C) Trattamento di fine rapporto di lavoro subordinato		19.750	
………………..			

SEGRETO n. 21: la classe C) Trattamento di fine rapporto di lavoro subordinato, utilizzando la tabella di classificazione dei conti e le regole di registrazione, rileviamo che è di colore arancio.

D) Debiti

I "Debiti" compresi in questa classe sono quelli che hanno un ammontare **determinato** e una data **prestabilita**.

🕮 RIFERIMENTI NORMATIVI		
Principi contabili	n. 19	www.fondazioneoic.eu

D) 1) Obbligazioni

Il prestito obbligazionario è un finanziamento che un'impresa ottiene dagli obbligazionisti. L'obbligazione è una quota del prestito.

🕮 **RIFERIMENTI NORMATIVI**	
Codice Civile	artt. 2410 e ss. e art. 2483

Contabilità e bilancio

La società Rossi S.p.A. per far fronte alle sue necessità finanziarie nel mese di dicembre emette un prestito obbligazionario di € 1.000.000, il valore nominale delle obbligazioni è di € 1, il prezzo di emissione è di € 1 (alla pari).

NUM.REG	DATA REG.	CAUSALE	N. DOC.		PROTOCOLLO
xxx		Incasso da cliente	xxx		
CODICE		DENOMINAZIONE CONTI	Cliente	DARE	AVERE
		Obbligazionisti c/sottoscrizioni(*)		1.000.000,00	
		Obbligazioni (debiti v/obbligazionisti**)			1.000.000

(*) classificazione del conto: finanziario, credito.
(**) classificazione del conto: finanziario, debito.

Rappresentazione in bilancio

Descrizione del conto	**Anno N + 1**	**Anno N**	COLORI
Stato patrimoniale passivo			
....	...		
D) Debiti			
I) Obbligazioni			
1) Entro 12 mesi			
2) Oltre 12 mesi		**1.000.000**	

D) 2) Obbligazioni convertibili

Il sottoscrittore delle obbligazioni convertibili può esercitare il suo diritto di opzione e convertire le sue obbligazioni in azioni. Fino a quando l'obbligazionista non esercita il suo diritto le obbligazioni convertibili sono contabilizzate come obbligazioni non convertibili (come abbiamo visto precedentemente).

D) 3) Debiti verso soci per finanziamenti

Nella classe "Debiti verso soci per finanziamenti" troviamo i versamenti effettuati dai **soci** che la società è obbligata a restituire.

🕮 RIFERIMENTI NORMATIVI	
Codice Civile	art. 2467

Contabilità e bilancio

Esempio: la società Bianchi S.r.l. per far fronte alle sue necessità finanziarie nel mese di marzo riceve un finanziamento infruttifero dal socio Rossetti di € 20.000.

NUM.REG.	DATA REG.	CAUSALE	N. DOC.	DATA DOCUMENTO		PROTOCOLLO
xxx		Incasso da cliente	xxx	xxxx		
CODICE		DENOMINAZIONE CONTI	Cliente		DARE	AVERE
		Banca xy c/c			20.000,00	
		Debiti v/socio xy per finanziamento (*)				20.000

(*) classificazione del conto: finanziario, debito.

Rappresentazione in bilancio

Descrizione del conto	Anno N + 1	Anno N	COLORI
Stato patrimoniale passivo			
....	...		
D) Debiti			
III) Debiti verso soci per finanziamenti			
1) Entro 12 mesi			
2) Oltre 12 mesi		20.000	
....			

D) 4) Debiti verso banche

Nella voce "Debiti verso banche" troviamo il debito complessivo al 31.12. nei confronti delle banche (ad esempio per mutui passivi, banche c/c passivi ecc.).

Contabilità e bilancio

Esempio: la società Gialli S.p.A. per acquistare un macchinario nel mese di dicembre riceve dalla banca Arcobaleno un mutuo di € 300.000.

xxx			xxx			
CODICE		DENOMINAZIONE CONTI			DARE	AVERE
		Banca xy c/c			300.000,00	
		Mutuo passivo (*)				300.000,00

(*) classificazione del conto: finanziario, debito.

Rappresentazione in bilancio

Descrizione del conto	Anno N + 1	Anno N	COLORI
Stato patrimoniale passivo			
………………..	…		
D) Debiti			
IV) Debiti verso banche			
1) Entro 12 mesi			
2) Oltre 12 mesi		**300.000**	
………………..			

D) 5) Debiti verso altri finanziatori

La voce "Debiti verso altri finanziatori" comprende dei finanziamenti che l'impresa ottiene da enti non creditizi (esempio società finanziarie ecc.).

Contabilità e bilancio

Esempio: la società Bianchi S.p.A. nel mese di dicembre riceve dalla finanziaria Viola S.r.l. un finanziamento di € 20.000.

NUM.REG.	DATA REG.	CAUSALE	N.DOC.	DATA DOCUMENTO		PROTOCOLLO
xxx	21/12/N		xxx			
CODICE		DENOMINAZIONE CONTI			DARE	AVERE
		Banca xy c/c			20.000,00	
		Debiti verso altri finanziatori (*)				20.000,00

(*) classificazione del conto: finanziario, debito.

Rappresentazione in bilancio

Descrizione del conto	Anno N + 1	Anno N	COLORI
Stato patrimoniale passivo			
…………………	…		
D) Debiti			
V) Debiti verso altri finanziatori			
1) Entro 12 mesi			
2) Oltre 12 mesi		20.000	
…………………			

D) 6) Acconti

La voce "Acconti" comprende tutti gli acconti che l'impresa ha ricevuto per i beni e/o servizi forniti ai clienti.

Contabilità e bilancio

Esempio: la società Rossi S.r.l. nel mese di dicembre anno N riceve l'ordine dalla società Bianchini S.p.A. di un macchinario del costo di € 100.000 + Iva. Inoltre, riceve un acconto di € 20.000 + Iva; la somma residua sarà pagata nell'anno N+1. Registrazione della fattura di acconto:

NUM.REG.	DATA REG.	CAUSALE	N.DOC.	DATA DOCUMENTO		PROTOCOLLO
XXX		Fattura di vendita	1			
CODICE		DENOMINAZIONE CONTI	CLIENTI		DARE	AVERE
		Crediti v/clienti	Rossi F.		24.200,00	
		Clienti c/acconti				20.000,00
		Iva ns/debito				4.200,00

Registrazione del bonifico:

NUM.REG.	DATA REG.	CAUSALE	N. DOC.	DATA	DOCUMENTO	PROTOCOLLO
xxx		Incasso da cliente	xxx	xxxx		
CODICE		DENOMINAZIONE CONTI	Cliente		DARE	AVERE
		Banca xy c/c			24.200,00	
		Crediti v/clienti	Rossi F.			24.200,00

Rappresentazione in bilancio

Descrizione del conto	Anno N + 1	Anno N	COLORI
Stato patrimoniale passivo			
………………..	…		
D) Debiti			
………………..			
VI) Acconti			
1) Entro 12 mesi		20.000	
2) Oltre 12 mesi			
………………..			

D) 7) Debiti verso fornitori

La voce “**Debiti verso fornitori**” comprende i debiti verso i fornitori di beni o servizi.

Contabilità e bilancio

Esempio: riceviamo la fattura del fornitore Verdi S.r.l., per acquisto di merci, per € 1.000 + Iva.

NUM.REG.	DATA REG.	CAUSALE	N.DOC.	DATA	DOCUMENTO	PROTOCOLLO
		Fattura d'acquisto	23	28/03		
CODICE		DENOMINAZIONE CONTI	FORNITORE		DARE	AVERE
		Merci c/acquisti			1.000,00	
		Iva ns/credito			210,00	
		Debiti v/fornitori				1.210,00

Rappresentazione in bilancio

Descrizione del conto	Anno N + 1	Anno N	COLORI
Stato patrimoniale passivo			
…………………	…		
D) Debiti			
…………………			
VII) Debiti verso fornitori			
1) Entro 12 mesi		1.210	
2) Oltre 12 mesi			
…………………			

D) 8) Debiti rappresentati da titoli di credito

La voce "**Debiti rappresentati da titoli di credito**" comprende i titoli che danno diritto a una ben precisa prestazione (esempio: cambiali passive ecc.).

Contabilità e bilancio

Esempio: regolamento del fornitore Gialli S.r.l. di € 24.0000 con l'emissione di una cambiale.

NUM.REG.	DATA REG.	CAUSALE	N.DOC.	DATA DOCUMENTO		PROTOCOLLO
		Fattura d'acquisto				
CODICE		DENOMINAZIONE CONTI	FORNITORE		DARE	AVERE
		Debiti v/fornitori			24.000,00	
		Cambiali Passive				24.000,00

Rappresentazione in bilancio

Descrizione del conto	Anno N + 1	Anno N	COLORI
Stato patrimoniale passivo			
………………..	…		
D) Debiti			
………………..			
VIII) Debiti rappresentati da titoli di credito			
1) Entro 12 mesi		**24.000**	
2) Oltre 12 mesi			
………………..			

D) 9) 10) 11) Debiti verso imprese controllate, collegate e controllanti

Le voci Debiti verso imprese controllate, collegate e controllanti comprendono debiti nei confronti delle imprese di cui si ha il controllo, un collegamento o si è controllati.

Contabilità e bilancio

In data 21.12 riceviamo la fattura della società controllata Viola S.r.l., per acquisto di merci, per € 100.000 + Iva.

NUM.REG.	DATA REG.	CAUSALE	N.DOC.	DATA DOCUMENTO		PROTOCOLLO
		Fattura d'acquisto	23	28/03		
CODICE		DENOMINAZIONE CONTI	FORNITORE		DARE	AVERE
		Merci c/acquisti			100.000,00	
		Iva ns/credito			21.000,00	
		Debiti v/fornitori (società controllata)				121.000,00

Rappresentazione in bilancio

Descrizione del conto	Anno N + 1	Anno N	COLORI
Stato patrimoniale passivo			
…………………	…		
D) Debiti			
…………………			
IX) Debiti verso imprese controllate			
1) Entro 12 mesi		121.000	
2) Oltre 12 mesi			
…………………			

D) 12) Debiti tributari

La voce "Debiti tributari" include i debiti per le imposte dirette e indirette certe e determinate (ad esempio per le ritenute, l'Ires, l'Iva, l'Irap ecc.).

Contabilità e bilancio

Esempio: in data 28.12.N riceviamo la parcella del commercialista Biancolini, compenso € 1.000, cassa nazionale (4%), più Iva, meno ritenute 20%. Il pagamento della parcella avviene in giornata con un assegno.

NUM.REG.	DATA REG.	CAUSALE	N.DOC.	DATA DOCUMENTO		PROTOCOLLO
		Fattura d'acquisto				
CODICE		DENOMINAZIONE CONTI	FORNITORE		DARE	AVERE
		Consulenza			1.040,00	
		Iva ns/credito			218,40	
		Debiti v/fornitore				1.258,40

Registrazione del pagamento della parcella:

NUM.REG.	DATA REG.	CAUSALE	N.DOC.	DATA DOCUMENTO		PROTOCOLLO
CODICE		DENOMINAZIONE CONTI	FORNITORE		DARE	AVERE
		Debiti v/fornitore			1.258,00	
		Erario c/ritenute da versare				200,00
		Banca xy c/c				1.058,00

Rappresentazione in bilancio delle ritenute che saranno versate entro il 16.01.N+1.

Descrizione del conto	Anno N + 1	Anno N	COLORI
Stato patrimoniale passivo			
…………………	…		
D) Debiti			
…………………			
XII) Debiti tributari			
1) Entro 12 mesi		**200**	
2) Oltre 12 mesi			
…………………			

D) 13) Debiti verso istituti di previdenza e di sicurezza sociale

Nella voce "Debiti verso istituti di previdenza e di sicurezza sociale" si annoverano i debiti verso gli istituti che si occupano della previdenza, ossia di «prevenire condizioni di bisogno» e sicurezza sociale, ossia di «tutela di tutte le fondamentali condizioni di bisogno». Potrebbero essere, ad esempio, l'Enasarco, Inps ecc.

Contabilità e bilancio

Esempio: in data 15.12.N la società Verdi S.p.A. riceve la fattura dell'agente Rossi, in giornata si effettua il bonifico bancario.

Fattura dell'agente (corpo della fattura)

provvigioni	1.000,00
Iva 21%	210,00
Totale fattura	1.210,00
ritenuta d'acconto 23% su 1/2 imponibile	115,00
ENASARCO 6,75%	67,50
Totale a vostro dare	**1.027,50**

Registrazione della fattura:

NUM.REG.	DATA REG.	CAUSALE	N.DOC.	DATA	DOCUMENTO	PROTOCOLLO
		Fattura d'acquisto				
CODICE		DENOMINAZIONE CONTI	FORNITORE		DARE	AVERE
		provvigioni passive			1.000,00	
		Iva ns/credito			210,00	
		Debiti v/fornitore				1.210,00

Registrazione del pagamento:

NUM.REG.	DATA REG.	CAUSALE	N.DOC.	DATA	DOCUMENTO	PROTOCOLLO
CODICE		DENOMINAZIONE CONTI	FORNITORE		DARE	AVERE
		Debiti v/fornitore			1.210,00	
		Erario c/ritenute da versare				115,00
		Debiti v/Enasarco				67,50
		Banca xy c/c				1.027,50

Rappresentazione in bilancio dei debiti verso l'Enasarco

Descrizione del conto	Anno N + 1	Anno N	COLORI
Stato patrimoniale passivo			
………………..	…		
D) Debiti			
………………..			
XIII) Debiti verso istituti di previdenza e di sicurezza sociale			
1) Entro 12 mesi			
a) Enti previdenziali		**68**	
b) Altri enti ...			
2) Oltre 12 mesi			
a) Enti previdenziali			
b) Altri enti ...			
………………..			

D) 14) Altri debiti

Nella voce "Altri debiti" troviamo tutti i debiti che non sono stati inseriti nelle voci precedenti. Ad esempio, i debiti per gli emolumenti degli amministratori e sindaci, retribuzioni dei dipendenti ecc.

Contabilità e bilancio

Esempio: la società Azzurri S.p.A. registra le retribuzioni relative al mese di dicembre per € 20.000.

NUM.REG.	DATA REG.	CAUSALE	N.DOC.	DATA DOCUMENTO		PROTOCOLLO
xxx	31/12	Salari e stipendi	xxx	30/04		
CODICE		DENOMINAZIONE CONTI			DARE	AVERE
		Salari e stipendi			20.000,00	
		Personale c/retribuzioni				20.000,00
	....					

Rappresentazione in bilancio

Descrizione del conto	Anno N + 1	Anno N	COLORI
Stato patrimoniale passivo			
....	...		
D) Debiti			
....			
XIV) Altri debiti			
1) Entro 12 mesi		20.000	
2) Oltre 12 mesi			
....			

SEGRETO n. 22: la classe D) Debiti, utilizzando la tabella di classificazione dei conti e le regole di registrazione, accertiamo che, entro 12 mesi è di colore arancio.

E) Ratei e risconti passivi, con separata indicazione dell'aggio su prestiti

RATEI

RIFERIMENTI NORMATIVI		
Codice Civile	art. 2424 bis	
Principi contabili	n. 18	www.fondazioneoic.eu

Nella voce ratei passivi sono iscritti i costi di competenza dell'esercizio esigibili in esercizi successivi; l'entità è determinata in base al tempo.

Utilizzando la contabilità a colori, i ratei passivi sono una variazione arancio che misura una variazione rossa di competenza dell'esercizio N; la manifestazione finanziaria è posticipata.

Contabilità e bilancio

Esempio:

- si ottiene un mutuo passivo di € 100.000;
- tasso di interesse 5,5% annuo (€ 5.500);
- a titolo esemplificativo ipotizziamo il pagamento degli interessi in data 01.07 di ogni anno (Posticipati).

Applicando la formula del calcolo dell'interesse:

$$\frac{100.000 * 5{,}5 * 6}{1.200} = 2.750{,}00$$ interessi dal 01/07/N al 31/12/N

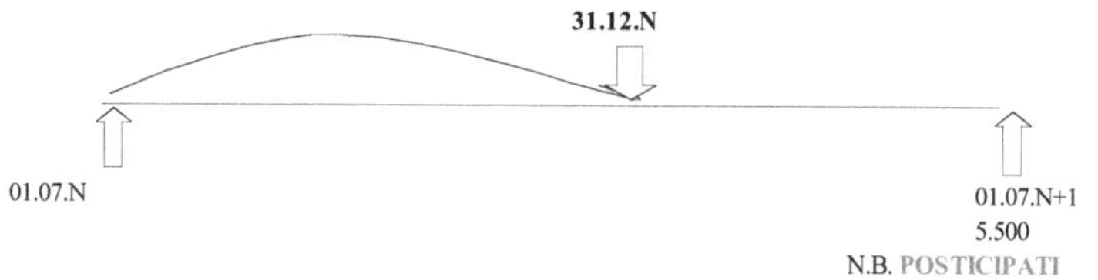

La parte dell'asse temporale dal 01.07.N al 31.12.N evidenzia il costo di competenza dell'esercizio.

Registrazione del rateo passivo nelle scritture di assestamento:

xxx	31/12	Scritture d'assestamento	xxx			
CODICE		DENOMINAZIONE CONTI			DARE	AVERE
		Interessi passivi su mutui			2.750,00	
		Ratei passivi				2.750,00

Rappresentazione in bilancio

Descrizione del conto	Anno N + 1	Anno N	COLORI
Stato patrimoniale passivo			
…………………	…		
E) Ratei e risconti			
I) Aggio sui prestiti			
II) Vari			
a) Ratei passivi		**2.750**	
b) Risconti passivi			
…………………			

SEGRETO n. 23: la sottovoce E) II) a) Ratei passivi, utilizzando la tabella di classificazione dei conti e le regole di registrazione, accertiamo che è di colore arancio.

RISCONTI

🕮 RIFERIMENTI NORMATIVI		
Codice Civile	art. 2424 bis	
Principi contabili	n. 18	www.fondazioneoic.eu

Nella voce risconti passivi sono iscritti i ricavi conseguiti entro la chiusura dell'esercizio, ma di competenza di esercizi successivi; l'entità è determinata in base al tempo. Utilizzando la contabilità a colori, i risconti passivi sono una variazione verde, ovvero un ricavo sospeso, conseguito entro la chiusura dell'esercizio (anticipati), ma di competenza di esercizi successivi.

Contabilità e bilancio

Esempio: si stipula un contratto di affitto di un edificio industriale di € 60.000; a titolo esemplificativo la data di incasso è 1.11 di ogni anno (anticipato).

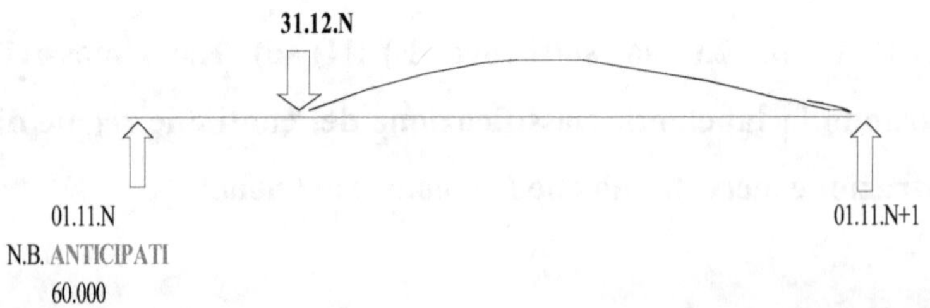

La parte dell'asse temporale dal 01.01.N+1 al 01.11.N+1 evidenzia i ricavi conseguiti in via anticipata in data 01.11.N, di competenza dell'esercizio N+1.

L'importo del risconto può essere determinato come segue:

$$\frac{60.000 * 10}{12} = 50.000,00$$

Per quanto riguarda l'aspetto contabile avremo:

NUM.REG.	DATA REG.	CAUSALE	N.DOC.	DATA DOCUMENTO		PROTOCOLLO
XXX	31/12	Scritture d'assestamento	XXX			
CODICE		DENOMINAZIONE CONTI			DARE	AVERE
		Fitti attivi			50.000,00	
		Risconti passivi				50.000,00

Rappresentazione in bilancio

Descrizione del conto	Anno N + 1	Anno N	COLORI
Stato patrimoniale passivo			
…………………	…		
E) Ratei e risconti			
I) Aggio sui prestiti			
II) Vari			
a) Ratei passivi			
b) Risconti passivi		50.000	
…………………			

SEGRETO n. 24: la sottovoce E) II) b) Risconti passivi,

utilizzando la tabella di classificazione dei conti e le regole di registrazione, verifichiamo che è di colore verde.

AGGIO SU PRESTITI

L'aggio su prestiti è un provento finanziario anticipato che troviamo nel passivo dello stato patrimoniale al netto delle quote ammortizzate negli esercizi. Si ottiene dalla differenza tra valore di emissione (sopra la pari) e valore nominale.

🕮 **RIFERIMENTI NORMATIVI**		
Codice Civile	L'articolo 2426 comma 1, punto 7 del Codice Civile prevede le disposizioni relative al disaggio su prestiti. Più precisamente prevede che «il disaggio su prestiti deve essere iscritto nell'attivo e ammortizzato in ogni esercizio per il periodo di durata del prestito».	
Principi contabili	n. 18	www.fondazioneoic.eu

Contabilità e bilancio

Esempio: la società Violetta S.p.A., per fare fronte alle sue necessità finanziarie, emette un prestito obbligazionario di € 1.000.000; il valore nominale delle obbligazioni è di € 1, il prezzo di emissione è di 1,02, il rimborso del prestito è previsto in 4 anni. L'aggio di emissione è di € 20.000 (0,02 x 1.000.000).

NUM.REG.	DATA REG.	CAUSALE	N. DOC.	DATA DOCUMENTO		PROTOCOLLO
XXX			XXX	XXXX		
CODICE		DENOMINAZIONE CONTI	Cliente		DARE	AVERE
		Obbligazionisti c/sottoscrizioni			1.020.000,00	
		Aggio su prestiti (*)				20.000,00
		Obbligazioni (debiti v/obbligazionisti)				1.000.000,00

(*) Conto economico di reddito, ricavo pluriennale.

Registrazione al 31.12.N:

NUM.REG.	DATA REG.	CAUSALE	N. DOC.	DATA DOCUMENTO		PROTOCOLLO
XXX	31/12/N		XXX	XXXX		
CODICE		DENOMINAZIONE CONTI	Cliente		DARE	AVERE
		Aggio su prestiti			5.000,00	
		Proventi finanziari				5.000,00

Rappresentazione in bilancio

Descrizione del conto	Anno N + 1	Anno N	COLORI
Stato patrimoniale passivo			
……………….	…		
E) Ratei e risconti			
I) Aggio sui prestiti		**15.000**	
II) Vari			
a) Ratei passivi			
b) Risconti passivi			
……………….			

Esercizio 2:

Riepiloga tutte le poste del passivo in un foglio di Excel. Senza guardare gli esempi prova ad attribuirgli il relativo colore.

CONTI D'ORDINE

I conti d'ordine (o di memoria) evidenziano i rischi per le garanzie prestate, gli impegni assunti, e i beni di terzi presso l'impresa. Possono essere intestati all'oggetto o al soggetto.

Seguono delle regole diverse da quelle che abbiamo visto finora (ossia suddivisione in conti finanziari, economici e colori). Più precisamente i conti sono intestati all'**oggetto** e si registrano nella sezione dare quando si verificano degli aumenti (nella sezione avere in caso contrario). Sono intestati al **soggetto** e si registrano nella sezione avere in caso di aumenti (nella sezione dare nella situazione opposta).

🕮 RIFERIMENTI NORMATIVI		
Codice Civile	art. 2424, comma 3	
Principi contabili	n. 12	www.fondazioneoic.eu

SEGRETO n. 25: in fondo alla pagina dello stato patrimoniale troviamo i conti d'ordine (se esistenti): sono conti di memoria intestati all'oggetto e al soggetto.

Contabilità e bilancio

Esempio: in data 01.12.N la società Rosa S.p.A. ha preso in leasing un macchinario e il contratto prevede il pagamento di 30 canoni mensile di € 500. Ipotizziamo di registrare solo i conti d'ordine. Alla stipulazione del contratto di leasing registreremo:

NUM.REG.	DATA REG.	CAUSALE	N. DOC.	DATA	DOCUMENTO	PROTOCOLLO
xxx		Incasso da cliente	xxx	xxxx		
CODICE		DENOMINAZIONE CONTI	Cliente		DARE	AVERE
		Impegni per beni in leasing			15.000,00	
		Creditiori c/leasing				15.000,00

Entro il 31.12.N si effettua il pagamento del primo canone di leasing:

NUM.REG.	DATA REG.	CAUSALE	N. DOC.	DATA	DOCUMENTO	PROTOCOLLO
xxx			xxx	xxxx		
CODICE		DENOMINAZIONE CONTI	Cliente		DARE	AVERE
		Creditiori c/leasing			500,00	
		Impegni per beni in leasing				500,00

Rappresentazione in calce allo stato patrimoniale:

Descrizione del conto	Anno N + 1	Anno N	COLORI
Stato patrimoniale passivo			
…………………	…		
Conti d'ordine			
1) Conti d'ordine del sistema improprio dei beni altrui presso di noi:			
a) Titoli in garanzia			
b) Merci in conto lavorazione			
c) Macchinari di terzi in affitto			
d) Beni in leasing		**14.500**	
e) Altro ...			
…………………			

RIEPILOGO DEL CAPITOLO 5:

- SEGRETO n. 21: la classe C) Trattamento di fine rapporto di lavoro subordinato, utilizzando la tabella di classificazione dei conti e le regole di registrazione, rileviamo che è di colore arancio.
- SEGRETO n. 22: la classe D) Debiti, utilizzando la tabella di classificazione dei conti e le regole di registrazione, accertiamo che, entro 12 mesi è di colore arancio.
- SEGRETO n. 23: la sottovoce E) II) a) Ratei passivi, utilizzando la tabella di classificazione dei conti e le regole di registrazione, accertiamo che è di colore arancio.
- SEGRETO n. 24: la sottovoce E) II) b) Risconti passivi, utilizzando la tabella di classificazione dei conti e le regole di registrazione, verifichiamo che è di colore verde.
- SEGRETO n. 25: in fondo alla pagina dello stato patrimoniale troviamo i conti d'ordine (se esistenti): sono conti di memoria intestati all'oggetto e al soggetto.

CAPITOLO 6:

Come redigere il Valore e i Costi della produzione

Conto economico

Il conto economico è il documento che rappresenta il risultato economico dell'impresa al termine dell'esercizio. È formato dai componenti positivi, negativi di reddito e dal risultato economico. A titolo esemplificativo: ricavi - costi = risultato economico. Si ottiene partendo dalla situazione economica finale, la quale deriva dalla contabilità generale. Per la classificazione dettagliata vedi le tabelle allegate "Conti economici di reddito, costi e ricavi di esercizio...".

Utilizzando i colori e un po' di fantasia, il conto economico può essere paragonato a una cascata (Profit and Loss waterfall). Infatti, la fonte dell'acqua nel nostro caso sono i ricavi. Una parte dell'acqua si fermerà nella prima pozza (costi della produzione). Proseguendo la sua corsa, l'acqua sarà fermata da altri costi, fino ad arrivare all'ultima pozza dove l'acqua eventualmente rimasta sarà l'utile dell'esercizio.

Rappresentazione del conto economico a colori:

Dopo aver osservato attentamente il conto economico a colori prova a ridisegnarlo senza guardarlo. Puoi disegnarlo a mano. Se vuoi farlo con il computer, ti posso consigliare PowerPoint che è semplice da usare ma non soddisfa tutte le nostre esigenze, oppure FreeMind che è gratuito e puoi trovarlo con qualsiasi motore di ricerca. L'ultimo programma è il migliore perché è nato apposta per soddisfare queste esigenze. Nei prossimi paragrafi esamineremo singolarmente le singole classi.

Le prime due classi del conto economico sono la "A) Valore della produzione" e la " B) Costi della produzione", che formano la gestione ordinaria. All'interno della predetta gestione troviamo:

- la gestione caratteristica, ossia l'attività tipica dell'impresa (è il core business);
- la gestione accessoria, nella quale rientrano tutti i fatti di gestione residuali e inscindibili.

🕮 RIFERIMENTI NORMATIVI		
Principi contabili	n. 12	www.fondazioneoic.eu

A) Valore della produzione

A) 1) Ricavi delle vendite e delle prestazioni

La voce "Ricavi delle vendite e delle prestazioni" include le vendite di merci, prodotti fini e le prestazioni di servizi.

🕮 RIFERIMENTI NORMATIVI	
Codice Civile	artt. 2423-bis, comma 1, punto 3 e 2425-bis
TUIR	art. 85, soggetti Ires

Contabilità e bilancio

Esempio: in data 10.12 si vendono prodotti finiti alla Ditta Rossi per € 2.000 + I.V.A.

NUM.REG.	DATA REG.	CAUSALE	N.DOC.	DATA	DOCUMENTO	PROTOCOLLO
XXX		Fattura di vendita				
CODICE		DENOMINAZIONE CONTI	CLIENTI		DARE	AVERE
		Crediti v/clienti			2.420,00	
		Prodotti c/vendite				2.000,00
		Iva ns/debito				420,00

Rappresentazione in bilancio

Descrizione del conto	Anno N + 1	Anno N	COLORI
………………..			
Conto economico			
A) Valore della produzione			
1) Ricavi delle vendite e delle prestazioni		**2.000**	
2) Variazione delle riman. di prodotti in lav., sem. e finiti			
3) Variazioni dei lavori in corso su ordinazione			
4) Incrementi di immobilizzazioni per lavori interni			
5) Altri ricavi e proventi			
………………..			

SEGRETO n. 26: la voce A)1) Ricavi delle vendite e delle prestazioni, utilizzando la tabella di classificazione dei conti e le regole di registrazione, osserviamo che è di colore verde.

A) 2) Variazione delle rimanenze di prodotti in corso di lavorazione, semilavorati e finiti

La voce “2) Variazione delle rimanenze di prodotti in corso di lavorazione, semilavorati e finiti” si ottiene dalla differenza tra il valore delle rimanenze finali e le rimanenze iniziali dei prodotti in corso di lavorazione, semilavorati e finiti.

Contabilità e bilancio

Esempio: in data 01.01.N si stornano le esistenze iniziali di prodotti finiti per € 150.000.

NUM.REG.	DATA REG.	CAUSALE	N.DOC.	DATA DOCUMENTO		PROTOCOLLO
xxx	01/01/N	Esistenze iniziali	xxx			
CODICE		DENOMINAZIONE CONTI			DARE	AVERE
		Prodotti finiti c/esistenze iniziali			150.000,00	
		Prodotti finiti				150.000,00

Esempio: si valutano le rimanenze finali di prodotti finiti al 31.12.N per € 200.000.

NUM.REG.	DATA REG.	CAUSALE	N.DOC.	DATA DOCUMENTO		PROTOCOLLO
xxx	31/12/N	Scritture d'assestamento	xxx			
CODICE		DENOMINAZIONE CONTI			DARE	AVERE
		Prodotti finiti			200.000,00	
		Prodotti finiti c/rimanenze finali				200.000,00

Riepilogando i dati avremo:

Rimanenze finali	Prodotti: - in corso di lavorazione - semilavorati - finiti	200.000,00		
Rimanenze iniziali	Prodotti: - in corso di lavorazione - semilavorati - finiti	150.000,00		
Variazione	Prodotti: - in corso di lavorazione - semilavorati - finiti	50.000,00		La variazione indica ad esempio che ho ottenuto dei prodotti finiti e non li ho venduti. Quindi per il principio della competenza devo rettificare i costi (variazione verde). Il segno è positivo. Nel caso in cui il segno fosse negativo la situazione è opposta (colore rosso)

Rappresentazione in bilancio

Descrizione del conto	Anno N + 1	Anno N	COLORI
....			
Conto economico			
A) Valore della produzione			
1) Ricavi delle vendite e delle prestazioni			
2) Variazione delle rim. di prodotti in lav., semilav. e finiti		50.000	
3) Variazioni dei lavori in corso su ordinazione			
4) Incrementi di immobilizzazioni per lavori interni			
5) Altri ricavi e proventi			
....			

SEGRETO n. 27: la voce A) 2) Variazione delle rimanenze di

prodotti in lavorazione, semilavorati e finiti, utilizzando la tabella di classificazione dei conti e le regole di registrazione, notiamo che è di colore verde quando abbiamo ottenuto dei prodotti finiti e non li abbiamo venduti.

A) 3) Variazione dei lavori in corso su ordinazione

La voce "Variazione dei lavori in corso su ordinazione" è la differenza tra le rimanenze finali e quelle iniziali. I lavori in corso su ordinazione riguardano commesse che sono realizzate in più anni.

🕮 **RIFERIMENTI NORMATIVI**		
Codice Civile	art. 2426, comma 1, punto 11	
Principi contabili	n. 23	www.fondazioneoic.eu

Contabilità e bilancio

La società Rossi S.p.A. in data 01.11.N costruisce i macchinari per la società Verdi S.r.l. I predetti macchinari saranno realizzati in tre anni. Al 31.12.N in base al criterio della percentuale di completamento si valuta la commessa in corso in € 80.000.

NUM.REG.	DATA REG.	CAUSALE	N.DOC.	DATA DOCUMENTO		PROTOCOLLO
xxx	31/12/N	Scritture d'assestamento	xxx			
CODICE		DENOMINAZIONE CONTI			DARE	AVERE
		Lavori in corso su ordinazione			80.000,00	
		Lavori in corso c/rimanenze finali				80.000,00

Ipotizzando i seguenti dati al 31.12.N avremo:

Rimanenze finali	Lavori in corso su ordinazione	80.000,00		
Rimanenze iniziali	Lavori in corso su ordinazione	0,00		
Variazione dei lavori in corso su ordinazione		80.000,00		La differenza tra rimanenze finali e iniziali determina la variazione dei lavori in corso su ordinazione. Per il principio della competenza devo rettificare i costi (variazione verde). Il segno è positivo. Nel caso in cui il segno fosse negativo la situazione è opposta (colore rosso)

Rappresentazione in bilancio

Descrizione del conto	Anno N + 1	Anno N	COLORI
…………………			
Conto economico			
A) Valore della produzione			
1) Ricavi delle vendite e delle prestazioni			
2) Variazione delle rim. di prodotti in lav., semilav. e finiti			
3) Variazioni dei lavori in corso su ordinazione		**80.000**	
4) Incrementi di immobilizzazioni per lavori interni			
5) Altri ricavi e proventi			
…………………			

A) 4) Incrementi di immobilizzazioni per lavori interni

La voce “Incrementi di immobilizzazioni per lavori interni” include i costi sostenuti per la realizzazione delle immobilizzazioni all’interno dell’impresa. I predetti costi saranno portati in aumento del patrimonio (ossia capitalizzati).

🕮 RIFERIMENTI NORMATIVI	
Codice Civile	art. 2426, comma 1, punto 1 c.
TUIR	art. 110, comma 1, lettera b)

Contabilità e bilancio

Esempio: in data 15.02.N la società Rossi S.r.l. inizia a costruire, con il proprio personale e le sue attrezzature, un macchinario, sostenendo nell’anno costi complessivamente per € 100.000. Al 31.12.N il macchinario non è stato ultimato.

		xxx		
	DENOMINAZIONE CONTI		DARE	AVERE
	Immobilizzazioni in corso (*)		100.000,00	
	Incrementi di immob. Per lavori interni (**)			100.000,00

Classificazione dei conti: (*) economico, costo pluriennale; (**) economico, rettifica costo di esercizio.

Rappresentazione in bilancio

Descrizione del conto	Anno N + 1	Anno N	COLORI
………………..			
Conto economico			
A) Valore della produzione			
1) Ricavi delle vendite e delle prestazioni			
2) Variazione delle rim. di prodotti in lav., semilav. e finiti			
3) Variazioni dei lavori in corso su ordinazione			
4) Incrementi di immobilizzazioni per lavori interni		100.000	
5) Altri ricavi e proventi			
………………..			

A) 5) Altri ricavi e proventi

La voce "5) Altri ricavi e proventi" include dei costi che rientrano nella gestione accessoria e potrebbero essere: le plusvalenze ordinarie, i fitti attivi, contributi in conto esercizio, i rimborsi spese di vendita ecc. (costi residuali).

Contabilità e bilancio

Esempio: in data 19.12 si vendono prodotti finiti alla Ditta Rossi per € 2.000 + Iva, con spese di trasporto addebitate forfettariamente in fattura per € 100 + Iva.

NUM.REG.	DATA REG.	CAUSALE	N.DOC.	DATA	DOCUMENTO	PROTOCOLLO
XXX		Fattura di vendita	1			
CODICE		DENOMINAZIONE CONTI	CLIENTI		DARE	AVERE
		Crediti v/clienti	Rossi F.		2.541,00	
		Prodotti c/vendite				2.000,00
		Rimborsi spese di vendita				100,00
		Iva ns/debito				441,00

Rappresentazione in bilancio

Descrizione del conto	Anno N + 1	Anno N	COLORI
……………….			
Conto economico			
A) Valore della produzione			
1) Ricavi delle vendite e delle prestazioni		2.000	
2) Variazione delle rim. di prodotti in lav., semilav. e finiti			
3) Variazioni dei lavori in corso su ordinazione			
4) Incrementi di immobilizzazioni per lavori interni			
5) Altri ricavi e proventi		100	
……………….			

SEGRETO n. 28: la voce A) 5) Altri ricavi e proventi è residuale e, utilizzando la tabella di classificazione dei conti e le regole di registrazione, constatiamo che è di colore verde.

B) Costi della produzione

B) 6) Costi per materie prime, sussidiarie, di consumo e di merci

La voce "Costi per materie prime, sussidiarie, di consumo e di merci" include i costi sostenuti per ottenere la produzione e/o il commercio dei beni rientranti nell'attività tipica dell'impresa.

🕮 RIFERIMENTI NORMATIVI		
Codice Civile	artt. 2423-bis, comma 1, punto 3; art. 2425-bis	
Principi contabili	n. 12	www.fondazioneoic.eu

Contabilità e bilancio

Esempio: ricevuta la fattura del fornitore Bianchi, in data 15.12, per € 1.000 + Iva.

NUM.REG.	DATA REG.	CAUSALE	N.DOC.	DATA DOCUMENTO		PROTOCOLLO
		Fattura d'acquisto				1
CODICE		DENOMINAZIONE CONTI	FORNITORE		DARE	AVERE
		Merci c/acquisti			1.000,00	
		Iva ns/credito			210,00	
		Debiti v/fornitori				1.210,00

Rappresentazione in bilancio

Descrizione del conto	Anno N + 1	Anno N	COLORI
………………..			
Conto economico			
………………..			
B) Costi della produzione			
6) Per materie prime, sussidiarie, di consumo e di merci		1.000	
………………..			

B) 7) Costi per servizi

La voce "Costi per servizi" racchiude i servizi ricevuti e che rientrano in una prestazione di fare. Come, ad esempio, energia elettrica, trasporti, consulenze, competenze amministratori e sindaci, pubblicità ecc.

🕮 RIFERIMENTI NORMATIVI		
TUIR	art. 109, comma 2, lett. b	
Principi contabili	n. 12	www.fondazioneoic.eu

Contabilità e bilancio

Esempio: ricevuta la fattura del trasportatore Gialli S.r.l., in data 20.12.N, per € 100 + Iva.

NUM.REG.	DATA REG.	CAUSALE	N.DOC.	DATA DOCUMENTO		PROTOCOLLO
		Fattura d'acquisto				1
CODICE		DENOMINAZIONE CONTI	FORNITORE		DARE	AVERE
		Costi di trasporto			100,00	
		Iva ns/credito			21,00	
		Debiti v/fornitori				121,00

Rappresentazione in bilancio

Descrizione del conto	Anno N + 1	Anno N	COLORI
…………………			
Conto economico			
…………………			
B) Costi della produzione			
6) Per materie prime, sussidiarie, di consumo e di merci			
7) Per servizi		100	
…………………			

SEGRETO n. 29: nei Costi della produzione, la voce B) 7) Per servizi, utilizzando la tabella di classificazione dei conti e le regole di registrazione, accertiamo che è di colore rosso.

B) 8) Costi per godimento di beni di terzi

Nei "Costi per godimento di beni di terzi" troviamo i costi sostenuti per il godimento di beni che non sono di proprietà dell'impresa. Alcuni esempi potrebbero essere i canoni di leasing, fitti passivi ecc.

🕮 RIFERIMENTI NORMATIVI		
Principi contabili	n. 12	www.fondazioneoic.eu

Contabilità e bilancio

Riprendiamo l'esempio che abbiamo visto trattando i conti

d'ordine. In data 01.12.N la società Rosa S.p.A. ha preso in leasing un macchinario e il contratto prevede il pagamento di 30 canoni mensili di € 500 + Iva. Registriamo la fattura del canone di leasing.

NUM.REG.	DATA REG.	CAUSALE	N.DOC.	DATA	DOCUMENTO	PROTOCOLLO
CODICE		DENOMINAZIONE CONTI	FORNITORE		DARE	AVERE
		canone di leasing			500,00	
		Iva ns/credito			105,00	
		Debiti v/fornitori				605,00

Rappresentazione in bilancio

B) Costi della produzione			
6) Per materie prime, sussidiarie, di consumo e di merci			
7) Per servizi			
8) Per godimento di beni di terzi		**500**	
……………….			

B) 9) Costi per il personale

La voce "Costi per il personale" racchiude tutti i costi del personale *dipendente*, classificati in: salari e stipendi, oneri sociali, trattamento di fine rapporto, trattamento di quiescenza e altri.

🕮 RIFERIMENTI NORMATIVI	
Codice Civile	art. 2425 e 2120
TUIR	art. 105, comma 3

Contabilità e bilancio (*)

La società Rossi S.r.l. si costituisce nel mese di novembre dell'anno N; in data 01.12.N assume i dipendenti per svolgere la sua attività. I dati riepilogativi risultanti dai prospetti contabili del consulente del lavoro sono i seguenti:

- 31.12 Liquidati i salari e stipendi per € 20.075,64, assegni per il nucleo familiare € 53,03;
- 31.12 i contributi dovuti dall'azienda sono € 6.718,53;
- la società Rossi S.p.A. ha meno di 50 dipendenti, i quali hanno optato per tenere il TFR in azienda, ipotizziamo che l'importo della quota di TFR di competenza è di € 5.287,81.

Registrazione del prospetto contabile dei salari e stipendi:

NUM.REG.	DATA REG.	CAUSALE	N.DOC.	DATA DOCUMENTO		PROTOCOLLO
xxx		Salari e stipendi	xxx			
CODICE		DENOMINAZIONE CONTI			DARE	AVERE
		Salari e stipendi			20.075,64	
		Istituti previdenziali			53,03	
		Personale c/retribuzioni				20.128,67

Registrazione dei contributi a carico dell'azienda:

NUM.REG.	DATA REG.	CAUSALE	N.DOC.	DATA	DOCUMENTO	PROTOCOLLO
xxx		Oneri socialli	xxx			
CODICE		DENOMINAZIONE CONTI			DARE	AVERE
		Oneri sociali			6.718,53	
		Istituti previdenziali				6.718,53

Registrazione del TFR a carico dell'azienda:

xxx	31/12	Scritture d'assestamento	xxx				
CODICE		DENOMINAZIONE CONTI				DARE	AVERE
		Trattamento di fine rapporto				5.287,81	
		Debiti per TFR					5.287,81

(*) Gli importi sono volutamente semplificati, per consentire al lettore una comprensione più agevole dell'aspetto economico della contabilizzazione dei salari e stipendi.

Rappresentazione in bilancio

Descrizione del conto	Anno N + 1	Anno N	COLORI
…………………			
Conto economico			
…………………			
9) Per il personale			
a) Salari e stipendi		**20.076**	
b) Oneri sociali		**6.719**	
c) Trattamento di fine rapporto		**5.288**	
d) Trattamento di quiescenza e simili			
e) Altri costi			
…………………			

B) 10) Ammortamenti e svalutazioni

B) 10) a) Ammortamento delle immobilizzazioni immateriali: ***contabilità e bilancio***

Riprendiamo l'esempio che abbiamo visto con la contabilizzazione dei costi di impianto. La società Rossi S.p.A. ha sostenuto spese notarili per la sua costituzione pari a € 10.000 + Iva. Al 31.12.N si ammortizzano di un quinto.

Registrazione della quota di ammortamento al 31.12.N:

NUM.REG.	DATA REG.	CAUSALE	N.DOC.	DATA DOCUMENTO		PROTOCOLLO
xxx	31.12.N		xxx			
CODICE		DENOMINAZIONE CONTI			DARE	AVERE
		Ammortamento costi d'impianto			2.000,00	
		Fondo amm. Costi d'impianto				2.000,00

Rappresentazione in bilancio

Descrizione del conto	Anno N + 1	Anno N	COLORI
....			
Conto economico			
....			
10) Ammortamenti e svalutazioni			
a) Ammortamento delle immobilizzazioni immateriali		2.000	
b) Ammortamento delle immobilizzazioni materiali			
c) Altre svalutazioni delle immobilizzazioni			
d) Svalutazioni dei crediti compresi nell'attivo circolante e delle disponibilità liquide			
....			

B) 10) b) Ammortamento delle immobilizzazioni materiali

Aspetti contabili

Riprendiamo l'esempio che abbiamo visto con la contabilizzazione degli "impianti e macchinari". La società Rossi S.p.A. nell'anno N ha acquistato un impianto pagandolo € 100.000 + Iva. Alla fine dell'esercizio si calcola la quota di ammortamento con un coefficiente del 10%.

Registrazione della quota di ammortamento al 31.12.N.

NUM.REG.	DATA REG.	CAUSALE		N.DOC.	DATA DOCUMENTO		PROTOCOLLO
xxx	31.12.N			xxx			
CODICE		DENOMINAZIONE CONTI				DARE	AVERE
		Ammortamento impianti e macchinario				10.000,00	
		Fondo amm. Impianti e macchinario					10.000,00

Rappresentazione in bilancio

…………………			
Conto economico			
…………………			
10) Ammortamenti e svalutazioni			
a) Ammortamento delle immobilizzazioni immateriali			
b) Ammortamento delle immobilizzazioni materiali		**10.000**	
c) Altre svalutazioni delle immobilizzazioni			
d) Svalutazioni dei crediti compresi nell'attivo circolante e delle disponibilità liquide			
…………………			

B) 10) c) Altre svalutazioni delle immobilizzazioni

La sottovoce “Altre svalutazioni delle immobilizzazioni” include le svalutazioni delle immobilizzazioni immateriali e materiali. La peculiarità è che la perdita di valore dei predetti beni deve essere durevole.

🕮 RIFERIMENTI NORMATIVI		
Codice Civile	art. 2426, comma 1, punto 3	
TUIR	art. 101, comma 1	
Principi contabili	n. 12	www.fondazioneoic.eu

Contabilità e bilancio

La società Bianchi S.p.A. ha un brevetto industriale che consente di produrre il prodotto XY. Tale prodotto, contrariamente alle aspettative, non è stato apprezzato dal pubblico e sarà ritirato dal mercato nei prossimi dodici mesi. Quindi la società svaluta il brevetto di € 3.000 (le svalutazioni non sono deducibili).

Registrazione della svalutazione del brevetto:

NUM.REG.	DATA REG.	CAUSALE	N.DOC.	DATA DOCUMENTO		PROTOCOLLO
xxx	31/12/N	Scritture d'assestamento	xxx			
		DENOMINAZIONE CONTI			DARE	AVERE
		Svalutazione brevetti industriali			3.000,00	
		F.do svalutazione brevetti ind.				3.000,00

Rappresentazione in bilancio

Descrizione del conto	Anno N + 1	Anno N	COLORI
……………….			
Conto economico			
……………….			
10) Ammortamenti e svalutazioni			
a) Ammortamento delle immobilizzazioni immateriali			
b) Ammortamento delle immobilizzazioni materiali			
c) Altre svalutazioni delle immobilizzazioni		3.000	
d) Svalutazioni dei crediti compresi nell'attivo circolante e delle disponibilità liquide			
11) Variazioni delle rimanenze di mat. prime, sus., di cons. e merci			
12) Accantonamento per rischi			
13) Altri accantonamenti			
14) Oneri diversi di gestione			
……………….			

B) 10) d) Svalutazioni dei crediti compresi nell'attivo circolante e delle disponibilità liquide

Nella sottovoce "Svalutazioni dei crediti compresi nell'attivo circolante e delle disponibilità liquide" troviamo la svalutazione del valore nominale dei crediti iscritti nell'attivo circolante dello stato patrimoniale.

I crediti possono essere suddivisi come segue:

- crediti di sicura realizzazione, che vengono iscritti in bilancio al valore nominale;
- crediti determinati che sono di dubbia esigibilità e vengono svalutati utilizzando il Fondo svalutazione crediti (è specifico);
- i crediti in generale, che vengono svalutati utilizzando il

Fondo rischi su crediti (è generico).

🕮 RIFERIMENTI NORMATIVI	
Codice Civile	art. 2426, comma 1, punto 8
TUIR	art. 106

Contabilità e bilancio

Esempio di svalutazione di crediti determinati di dubbia esigibilità: svalutare il credito verso il cliente Gialli di € 500.

NUM.REG.	DATA REG.	CAUSALE	N.DOC.	DATA DOCUMENTO		PROTOCOLLO
xxx	31/12	Scritture d'assestamento	xxx			
CODICE		DENOMINAZIONE CONTI			DARE	AVERE
		Svalutazione crediti			500,00	
		Fondo svalutazione crediti				500,00

Esempio di svalutazione generica dei crediti in base al Fondo rischi su crediti: il totale complessivo dei crediti verso i clienti viene svalutato di € 4.000.

NUM.REG.	DATA REG.	CAUSALE	N.DOC.	DATA DOCUMENTO		PROTOCOLLO
xxx	31/12	Scritture d'assestamento	xxx			
CODICE		DENOMINAZIONE CONTI			DARE	AVERE
		Svalutazione crediti			4.000,00	
		Fondo rischi su crediti				4.000,00

Rappresentazione in bilancio

Descrizione del conto	Anno N + 1	Anno N	COLORI
………………..			
Conto economico			
………………..			
10) Ammortamenti e svalutazioni			
a) Ammortamento delle immobilizzazioni immateriali			
b) Ammortamento delle immobilizzazioni materiali			
c) Altre svalutazioni delle immobilizzazioni			
d) Svalutazioni dei crediti compresi nell'attivo circolante e …		**4.500**	
11) Variazioni delle rimanenze di mat. prime, sus., di cons. e merci			
12) Accantonamento per rischi			
13) Altri accantonamenti			
14) Oneri diversi di gestione			
………………..			

B) 11) Variazione delle rimanenze di materie prime, sussidiarie, di consumo e merci

La voce "Variazione delle rimanenze di materie prime, sussidiarie, di consumo e merci" è la differenza tra il valore delle rimanenze iniziali e finali delle materie prime, sussidiarie, di consumo e merci.

Contabilità e bilancio

Esempio: in data 01.01.N si stornano le esistenze iniziali di merci € 80.000.

NUM.REG.	DATA REG.	CAUSALE	N.DOC.	DATA DOCUMENTO	PROTOCOLLO
xxx	01/01/N	Esistenze iniziali	xxx		
CODICE		DENOMINAZIONE CONTI		DARE	AVERE
		Merci c/esistenze iniziali		80.000,00	
		Merci			80.000,00

Esempio: si valutano le rimanenze finali di merci al 31.12.N € 100.000.

NUM.REG.	DATA REG.	CAUSALE	N.DOC.	DATA DOCUMENTO	PROTOCOLLO
xxx	31/12/N	Scritture d'assestamento	xxx		
CODICE		DENOMINAZIONE CONTI		DARE	AVERE
		Merci		100.000,00	
		Merci c/rimanenze finali			100.000,00

Riepilogando i dati avremo:

Rimanenze iniziali	- materie prime - materie sussidiarie - materie di consumo - merci	80.000,00		
Rimanenze finali	- materie prime - materie sussidiarie - materie di consumo - merci	100.000,00		
Variazione	- materie prime - materie sussidiarie - materie di consumo - merci	-20.000,00		La variazione indica ad esempio che ho acquistato delle merci e non le ho vendute. Quindi per il principio della competenza devo rettificare i costi (variazione verde). Il segno è negativo. Nel caso in cui il segno fosse positivo la situazione è opposta (variazione rossa)

Rappresentazione in bilancio

Descrizione del conto	Anno N + 1	Anno N	COLORI
………………..			
Conto economico			
………………..			
11) Variaz. delle riman. di mat. prime, sus., di cons. e merci		-20.000	
12) Accantonamento per rischi			
13) Altri accantonamenti			
14) Oneri diversi di gestione			
………………..			

SEGRETO n. 30: la voce B) 11) Variazione delle rimanenze di materie prime, sussidiarie, di consumo e merci, utilizzando la tabella di classificazione dei conti e le regole di registrazione, accertiamo che è di colore verde quando ho acquistato delle merci e non le ho vendute.

B) 12) Accantonamenti per rischi

La voce "Accantonamenti per rischi", per il principio della partita doppia, ha come contropartita la voce "B) Fondi per rischi e oneri; 3) Altri" del passivo dello stato patrimoniale che abbiamo visto quando abbiamo trattato lo stato patrimoniale. Potrebbero essere i rischi di penali su forniture, i rischi per cause in corso, i rischi per garanzie prodotti, i rischi non assicurati ecc.

Contabilità e bilancio

La società Bianchi S.p.A. al 31.12.N accantona al Fondo responsabilità civile € 15.000, in quanto ci sono fondati motivi di ritenere che si corre il rischio di risarcire dei danni a terzi per responsabilità civile.

NUM.REG.	DATA REG.	CAUSALE		N.DOC.	DATA DOCUMENTO		PROTOCOLLO
XXX				XXX			
CODICE		DENOMINAZIONE CONTI				DARE	AVERE
		Accantonamento per responsabilità civile				15.000,00	
		Fondo responsabilità civile					15.000,00

Rappresentazione in bilancio

Descrizione del conto	Anno N + 1	Anno N	COLORI
…………………			
Conto economico			
…………………			
B) Costi della produzione			
…………………			
12) Accantonamento per rischi		**15.000**	
13) Altri accantonamenti			
14) Oneri diversi di gestione			
…………………			

B) 13) Altri accantonamenti

La voce "Altri accantonamenti" per il principio della partita doppia ha come contropartita la voce "B Fondi per rischi e oneri; 3) Altri" del passivo dello stato patrimoniale. Alcuni esempi potrebbero essere gli accantonamenti per garanzia prodotti, per manutenzione ciclica e per operazioni a premio.

Contabilità e bilancio

Riprendiamo l'esempio visto con la voce "B 3) Altri" del passivo dello stato patrimoniale. La Gialli S.p.A. ha degli impianti sui quali si effettuano delle manutenzioni programmate normalmente ogni due anni. Al 31.12.N si accantona al rispettivo fondo € 4.000.

NUM.REG.	DATA REG.	CAUSALE		N.DOC.	DATA DOCUMENTO		PROTOCOLLO
XXX				XXX			
CODICE		DENOMINAZIONE CONTI				DARE	AVERE
		Accantonamento manutenzioni programmate				4.000,00	
		Fondo manutenzioni programmate					4.000,00

Rappresentazione in bilancio

Descrizione del conto	Anno N + 1	Anno N	COLORI
……………….			
Conto economico			
……………….			
11) Variaz. delle riman. di mat. prime, sus., di cons. e merci			
12) Accantonamento per rischi			
13) Altri accantonamenti		4.000	
14) Oneri diversi di gestione			
……………….			

B) 14) Oneri diversi di gestione

La gestione ordinaria è composta dalla gestione caratteristica e dalla gestione accessoria. Le voci che abbiamo visto precedentemente, dalla 6 alla 13, dei costi della produzione rientrano nella gestione caratteristica. Nella voce "14) Oneri diversi di gestione" troviamo tutti i costi della gestione accessoria (residuale). Alcuni esempi potrebbero essere: minusvalenze ordinarie, sopravvenienze passive ordinarie, imposte indirette e tasse ecc.

Contabilità e bilancio

Vendita di un macchinario del costo storico di € 100.000, fondo ammortamento € 90.000, valore netto contabile € 10.000, prezzo di vendita a € 7.000 + Iva. In questo caso, si ha una minusvalenza di € 3.000. Contabilmente saranno effettuate le seguenti registrazioni:

Giro-conto con il quale si determina il valore netto contabile:

NUM.REG.	DATA REG.	CAUSALE	N.DOC.	DATA DOCUMENTO		PROTOCOLLO
xxx		Giro conto	xxx			
CODICE		DENOMINAZIONE CONTI			DARE	AVERE
		Fondo ammortamento imp. e macchin.			90.000,00	
		Impianti e macchinario				90.000,00

Emissione della fattura:

NUM.REG.	DATA REG.	CAUSALE	N.DOC.	DATA	DOCUMENTO	PROTOCOLLO
XXX		Fattura di vendita	XX			XX
CODICE		DENOMINAZIONE CONTI	CLIENTI		DARE	AVERE
		Crediti v/clienti			8.470,00	
		Impianti e macchinario				7.000,00
		Iva ns/debito				1.470,00

Contabilizzazione della minusvalenza:

NUM.REG.	DATA REG.	CAUSALE	N.DOC.	DATA	DOCUMENTO	PROTOCOLLO
XXX		Giro conto				
CODICE		DENOMINAZIONE CONTI			DARE	AVERE
		Minusvalenze ordinarie			3.000,00	
		Impianti e macchinario				3.000,00

Rappresentazione in bilancio

Descrizione del conto	Anno N + 1	Anno N	COLORI
……………….			
Conto economico			
……………….			
B) Costi della produzione			
6) Per materie prime, sussidiarie, di consumo e di merci			
7) Per servizi			
8) Per godimento di beni di terzi			
9) Per il personale			
a) Salari e stipendi			
b) Oneri sociali			
c) Trattamento di fine rapporto			
d) Trattamento di quiescenza e simili			
e) Altri costi			
……………….			
14) Oneri diversi di gestione		**3.000**	

RIEPILOGO DEL CAPITOLO 6:

- SEGRETO n. 26: la voce A) 1) Ricavi delle vendite e delle prestazioni, utilizzando la tabella di classificazione dei conti e le regole di registrazione, osserviamo che è di colore verde.
- SEGRETO n. 27: la voce A) 2) Variazione delle rimanenze di prodotti in lavorazione, semilavorati e finiti, utilizzando la tabella di classificazione dei conti e le regole di registrazione, notiamo che è di colore verde quando abbiamo ottenuto dei prodotti finiti e non li abbiamo venduti.
- SEGRETO n. 28: la voce A) 5) Altri ricavi e proventi è residuale e, utilizzando la tabella di classificazione dei conti e le regole di registrazione, constatiamo che è di colore verde.
- SEGRETO n. 29: nei Costi della produzione, la voce B) 7) Per servizi, utilizzando la tabella di classificazione dei conti e le regole di registrazione, accertiamo che è di colore rosso.
- SEGRETO n. 30: la voce B) 11) Variazione delle rimanenze di materie prime, sussidiarie, di consumo e merci, utilizzando la tabella di classificazione dei conti e le regole di registrazione, accertiamo che è di colore verde quando ho acquistato delle merci e non le ho vendute.

CAPITOLO 7:

Come comporre le altre poste del conto economico e la nota integrativa

La gestione finanziaria è composta dalle classi "C) Proventi e oneri finanziari" e "D) Rettifiche di valore di attività finanziarie".

C) Proventi e oneri finanziari

C) 15) proventi da partecipazioni, con separata indicazione di quelli relativi a imprese controllate e collegate

La voce "Proventi da partecipazioni, con separata indicazione di quelli relativi a imprese controllate e collegate" include proventi da partecipazioni (dividendi) che devono essere suddivisi a seconda che derivino da imprese controllate o collegate.

🕮 RIFERIMENTI NORMATIVI		
Codice Civile	art. 2427, comma 1, punto 11	
TUIR	art. 89	
Principi contabili	n. 12	www.fondazioneoic.eu

Contabilità e bilancio

Esempio: in data 28.04.N (esercizio 01.01.N – 31.12.N) la società Rossi S.p.A. delibera di distribuire dei dividendi alla società Verdi S.p.A. pari a € 30.000. La scrittura della società Verdi S.p.A. è la seguente:

NUM.REG.	DATA REG.	CAUSALE	N.DOC.	DATA DOCUMENTO		PROTOCOLLO
xxx	28.04.N		xxx			
CODICE		DENOMINAZIONE CONTI			DARE	AVERE
		Crediti finanziari			30.000,00	
		Proventi da partecipazioni				30.000,00

Rappresentazione in bilancio

Descrizione del conto	Anno N + 1	Anno N	COLORI
....			
Conto economico			
....			
C) Proventi e oneri finanziari			
15) Proventi da partecipazioni			
a) Da imprese controllate		**30.000**	
b) Da imprese collegate			
c) Altri			
....			

SEGRETO n. 31: nei Proventi e oneri finanziari, la sottovoce C) 15) a) Da imprese controllate, utilizzando la tabella di classificazione dei conti e le regole di registrazione, rileviamo che è di colore verde.

C) 16) Altri proventi finanziari

La voce "Altri proventi finanziari è residuale. Le sottovoci sono classificate come segue:

a) da crediti iscritti nelle immobilizzazioni, con separata indicazione di quelli da imprese controllate e collegate e di quelli da controllanti (ad esempio interessi da finanziamenti a M/L termine);
b) da titoli iscritti nelle immobilizzazioni che non costituiscono partecipazioni (CCT, BTP, obbligazioni ecc.);
c) da titoli iscritti nell'attivo circolante che non costituiscono partecipazioni (ad esempio i BOT);
d) proventi diversi dai precedenti, con separata indicazione di quelli da imprese controllate e di quelli da controllanti (esempio: interessi su conti correnti bancari).

🕮 RIFERIMENTI NORMATIVI		
Principi contabili	n. 12	www.fondazioneoic.eu

Contabilità e bilancio

Contabilizzare gli interessi attivi maturati sul c/c di € 100.

NUM.REG.	DATA REG.	CAUSALE	N.DOC.	DATA DOCUMENTO		PROTOCOLLO
xxx	31/12	Scritture d'assestamento	xxx			
CODICE		DENOMINAZIONE CONTI			DARE	AVERE
		Banca xy c/c			80,00	
		Crediti V/Erario per ritenute d'acconto			20,00	
		Interessi attivi v/banche				100,00

Rappresentazione in bilancio

Descrizione del conto	Anno N + 1	Anno N	COLORI
………………..			
Conto economico			
………………..			
C) Proventi e oneri finanziari			
………………..			
16) Altri proventi finanziari			
a) Da crediti iscritti nelle immobilizzazioni			
1) Da imprese controllate			
2) Da imprese collegate			
3) Da controllanti			
4) Altri ...			
b) Da titoli iscritti nelle immobilizzazioni			
c) Da titoli iscritti nell'attivo circolante			
d) Proventi diversi dai precedenti			
1) Da imprese controllate			
2) Da imprese collegate			
3) Da controllanti			
4) Altri		**100**	
………………..			

C) 17) Interessi e altri oneri finanziari

La voce "Interessi e altri oneri finanziari" comprende i componenti negativi di reddito di natura finanziaria. Potrebbero essere gli interessi passivi derivanti da debiti verso le banche e altri finanziatori, da prestiti obbligazionari ecc.

🕮 RIFERIMENTI NORMATIVI		
Codice Civile	artt. 2425 e 2427	
TUIR	art. 96	
Principi contabili	n. 12	www.fondazioneoic.eu

Contabilità e bilancio

Nell'ultimo trimestre sono maturati interessi passivi sul c/c bancario per € 60 e commissioni e spese bancarie per € 30.

NUM.REG.	DATA REG.	CAUSALE	N.DOC.	DATA DOCUMENTO		PROTOCOLLO
xxx	31/12	Scritture d'assestamento	xxx			
CODICE		DENOMINAZIONE CONTI			DARE	AVERE
		Interessi passivi bancari			60,00	
		Commissioni e spese bancarie			30,00	
		Banca xy c/c				90,00

Rappresentazione in bilancio

Descrizione del conto	Anno N + 1	Anno N	COLORI
…………………			
Conto economico			
…………………			
C) Proventi e oneri finanziari			
…………………			
17) Interessi e altri oneri finanziari			
a) Da imprese controllate			
b) Da imprese collegate			
c) Da controllanti			
d) Altri		**90**	
…………………			

SEGRETO n. 32: nei Proventi e oneri finanziari, la sottovoce C) 17) d) Altri, utilizzando la tabella di classificazione dei conti e le regole di registrazione, notiamo che è di colore rosso.

C) 17-bis) Utili e perdite su cambi

Gli “Utili e perdite su cambi” derivano dai crediti verso clienti e dai debiti verso fornitori in valuta estera. La predetta voce comprende le differenze di cambio che si sono generate al momento dell’incasso, del pagamento, dalla valutazione dei crediti e debiti alla fine dell’esercizio (se risultano ancora aperti).

🕮 **RIFERIMENTI NORMATIVI**		
Codice Civile	art. 2426, comma 8-bis	
TUIR	art. 9, comma 2; art. 110	
Principi contabili	n. 12	www.fondazioneoic.eu

Contabilità e bilancio

Esempio: la società Viola S.p.A. il giorno 10.09.N ha emesso una fattura nei confronti della società Red (Statunitense); l’importo è di $ 10.000 il cambio dollaro/euro del 10.09.N è 1,40.

Conversione dei dollari in euro :
10.000/1,40 **7.142,86**

La fattura sarà incassata in data 31.10.N, il cambio dollaro/euro a tale data è 1,38.

Conversione dei dollari in euro :
10.000/1,38 **7.246,38**

Registrazione dell'incasso in data 31.10.N:

NUM.REG.	DATA REG.	CAUSALE	N.DOC.	DATA	DOCUMENTO	PROTOCOLLO
xxx	31.10.N		xxx			
CODICE		DENOMINAZIONE CONTI			DARE	AVERE
		Banca xy c/c			7.246,38	
		Crediti v/clienti extra-UE (Red)				7.142,86
		Utile su cambi				103,52

Rappresentazione in bilancio

Descrizione del conto	Anno N+1	Anno N	COLORI
…………………			
Conto economico			
…………………			
C) Proventi e oneri finanziari			
…………………			
17 bis) Utili e perdite su cambi			
a) Utili su cambi		**104**	
b) Perdite su cambi			
…………………			

D) Rettifiche di valore di attività finanziarie

D) 18) Rivalutazioni

La voce "Rivalutazioni" comprende il ripristino del valore delle attività finanziarie quando, ad esempio sono venuti meno i motivi di una svalutazione effettuata precedentemente.

🕮 RIFERIMENTI NORMATIVI		
Codice Civile	art. 2426 comma 1, punto 3	
Principi contabili	n. 12	www.fondazioneoic.eu

Contabilità e bilancio

Rivalutazione di una partecipazione precedentemente svalutata ai sensi dell'art. 2426, comma 1, punto 3 c.c. La società Rossi S.p.A., nell'anno N, ha effettuato una svalutazione delle partecipazioni. Nell'anno N + 4, sono venuti meno i motivi della svalutazione, quindi si procede a una rivalutazione di € 20.000. Nell'anno N+4:

NUM.REG.	DATA REG.	CAUSALE	N.DOC.	DATA DOCUMENTO		PROTOCOLLO
xxx			xxx			
CODICE		DENOMINAZIONE CONTI			DARE	AVERE
		Partecipazione diverse (*)			20.000,00	
		Rivalutazione partecipazione				20.000,00

(*) classificazione del conto: economico, costo sospeso.

Rappresentazione in bilancio

Descrizione del conto	Anno N + 1	Anno N	COLORI
………………..			
Conto economico			
………………..			
D) Rettifiche di valore di attività finanziarie			
18) Rivalutazioni			
a) Di partecipazioni		**20.000**	
b) Di immobilizzazioni finanziarie (che non costituiscono partecipazioni)			
c) Di titoli iscritti nell'attivo circolante (che non costituiscono partecipazioni)			
………………..			

D) 19) Svalutazioni

La voce "Svalutazioni" comprende le svalutazioni di attività finanziarie, quando il loro valore effettivo è minore al valore contabile.

🕮 RIFERIMENTI NORMATIVI		
Codice Civile	art. 2426, comma 1, punto 3	
Principi contabili	n. 12	www.fondazioneoic.eu

Contabilità e bilancio

Esempio: si svaluta una partecipazione, iscritta tra le immobilizzazioni finanziarie. La società Rossi S.p.A. possiede, nella Verdi S.p.A., una partecipazione di minoranza, precisamente 10.000 azioni a suo tempo acquistate in borsa a € 4. La Verdi S.p.A. è in una situazione di crisi (duratura) e la quotazione delle azioni scende a € 2. Il management al 31.12.N decide di svalutare la partecipazione.

Svalutazione partecipazione:
(4,00 - 2,00) x 10.000= 20.000,00

Registrazione della svalutazione:

xxx	31.12.N		xxx			
CODICE		DENOMINAZIONE CONTI			DARE	AVERE
CE D.19.a		Svalutazione partecipazione			20.000,00	
SPB.III.1 d		Partecipazione diverse (*)				20.000,00

(*) classificazione conto: economico, rettifica di costo sospeso.

Rappresentazione in bilancio

Descrizione del conto	Anno N + 1	Anno N	COLORI
………………..			
Conto economico			
………………..			
D) Rettifiche di valore di attività finanziarie			
18) Rivalutazioni			
a) Di partecipazioni			
b) Di immobilizzazioni finanziarie (che non costituiscono partecipazioni)			
c) Di titoli iscritti nell'attivo circolante (che non costituiscono partecipazioni)			
19) Svalutazioni			
a) Di partecipazioni		**20.000**	
b) Di immobilizzazioni finanziarie			
c) Di titoli iscritti nell'attivo circolante			
………………..			

Gestione straordinaria

La gestione straordinaria si riferisce a tutti quei fatti di gestione estranei all'attività ordinaria.

E) 20) Proventi straordinari; E) 21) Oneri straordinari

La classe E comprende le voci "Proventi" e "Oneri straordinari", che sono, rispettivamente, i componenti positivi e negativi:

- le minusvalenze o plusvalenze derivanti da cessioni di rami di azienda, ristrutturazioni aziendali, cessione di immobili civili;
- errori, ad esempio, di registrazione di fatti di gestione e/o delle relative poste del bilancio, la peculiarità è che si devono riferire a esercizi precedenti ecc.

🕮 RIFERIMENTI NORMATIVI		
Codice Civile	art. 2425 e 2427.	
TUIR	artt. 88, 101 e 86	
Principi contabili	n. 12	www.fondazioneoic.eu

Contabilità e bilancio

Esempio n. 1: Proventi straordinari: nell'anno N-2 si considerò inesigibile, per irreperibilità, il credito verso il cliente Gialli. Nell'anno N, dopo accurate indagini, si è riusciti a incassare il credito di € 3.000.

xxx			xxx			
CODICE		DENOMINAZIONE CONTI			DARE	AVERE
		Banca xy c/c			3.000,00	
		Sopravvenienze attive straordinarie				3.000,00

Esempio n. 2: Oneri straordinari: in data 30.06.N, il contabile della società Rossi S.p.A. provvede a contabilizzare il furto (documentato dalla denuncia ai Carabinieri) di denaro contante pari a € 1.000.

NUM.REG. xxx	DATA REG.	CAUSALE	N.DOC. xxx	DATA DOCUMENTO		PROTOCOLLO
CODICE		DENOMINAZIONE CONTI			DARE	AVERE
		Sopravvenienze passive straordinarie			1.000,00	
		Denaro in cassa				1.000,00

Rappresentazione in bilancio

Descrizione del conto	Anno N + 1	Anno N	COLORI
....			
Conto economico			
....			
E) Proventi e oneri straordinari			
20) Proventi			
1) Plusvalenze da alienazioni			
2) Varie		**3.000**	
21) Oneri			
1) Minusvalenze da alienazioni			
2) Imposte esercizi precedenti			
3) Varie		**1.000**	
....			

SEGRETO n. 33: nei Proventi straordinari, la voce E) 20) 2) Varie, utilizzando la tabella di classificazione dei conti e le regole di registrazione, constatiamo che è di colore verde.

22) Imposte dell'esercizio, correnti, differite e anticipate

La voce "22 Imposte dell'esercizio, correnti, differite e anticipate" comprende l'Ires (imposta sul reddito delle società 27,50%) e l'Irap (imposta regionale sulle attività produttive 3,90%). Le predette imposte sono calcolate extra contabilmente, di solito da un professionista, e rilevate in contabilità generale dal contabile dell'azienda con le scritture alla fine dell'esercizio.

Gli aspetti fiscali sono una materia molto ampia e complessa e a tale proposito, vi segnalo il sito dell'Agenzia delle Entrate per eventuali approfondimenti della materia www.Agenziaentrate.it.

RIFERIMENTI NORMATIVI		
Codice Civile	art. 2423	
TUIR	d.p.r. 22.12.96, n. 917	
Principi contabili	n. 25	www.fondazioneoic.eu

Imposte correnti

Sono quelle dovute per l'esercizio preso in esame (ad esempio, 01.01.N-31.12.N). Si ottengono applicando la relativa aliquota al reddito imponibile, il quale è ottenuto dalla seguente somma algebrica: risultato del conto economico, più variazioni in aumento, meno variazioni in diminuzione. In sintesi:

Risultato del conto economico (utile o perdita civilistica)

↓

Variazioni in aumento

↓

Variazioni in diminuzione

↓

Reddito imponibile (dichiarazione dei redditi)

Contabilità e bilancio

Esempio: ipotizziamo di avere i seguenti dati: acconti versati durante l'anno: Ires per € 1.400 e Irap per € 600; ritenute di acconto € 100; imposte dell'esercizio (Ires + Irap): € 32.180.

Registrazione delle imposte dell'esercizio:

xxx		xxx		
CODICE		DENOMINAZIONE CONTI	DARE	AVERE
		Imposte dell'esercizio	32.180,00	
		Erario c/credito IRES		1.400,00
		Erario c/credito IRAP		600,00
		Crediti v/Erario per rit. d'acconto		100,00
		Debiti tributari		30.080,00

Rappresentazione in bilancio

Descrizione del conto	Anno N + 1	Anno N	COLORI
…………………			
Conto economico			
…………………			
22) Imposte sul reddito dell'esercizio, correnti, differite e anticipate		32.180	
…………………			

SEGRETO n. 34: la voce 22) Imposte sul reddito dell'esercizio, correnti, differite e anticipate, utilizzando la tabella di classificazione dei conti e le regole di registrazione, assodiamo che è di colore rosso.

Imposte differite

Sono esigibili negli esercizi futuri (ad esempio, negli anni N+1 e seguenti). Si possono ottenere per differenza tra le imposte calcolate sugli importi derivanti dal bilancio civilistico (imposte economicamente di competenza) e le imposte calcolate sugli importi inseriti nelle dichiarazioni dei redditi (imposte correnti).

La predetta differenza deve essere **positiva**. Le imposte differite nascono in presenza di plusvalenze rateizzate, ammortamento dei beni inferiori a € 516,46 ecc.

Contabilità e bilancio

Esempio: la società Rossi S.r.l., nell'esercizio N, ha realizzato una plusvalenza. Si ipotizza che la società decida di rateizzarla in 5 anni e sussistano tutti i requisiti fiscali. Il commercialista della società comunica al contabile gli importi delle imposte da inserire nelle scritture alla fine dell'esercizio. Imposte dell'esercizio € 32.180, Debiti per imposte € 31.960 e Fondo imposte differite € 220. A titolo esemplificativo ipotizziamo che non ci siano acconti e ritenute. Anno N: accantonamento al fondo imposte differite al 31.12.N.

xxx	31.12.N		xxx			
CODICE		DENOMINAZIONE CONTI			DARE	AVERE
		Imposte dell'esercizio			32.180,00	
		Debiti Tributari				31.960,00
		Fondo imposte differite				220,00

Rappresentazione in bilancio

Descrizione del conto	Anno N + 1	Anno N	COLORI
………………..			
Conto economico			
………………..			
22) Imposte sul reddito dell'esercizio, correnti, differite e anticipate		**32.180**	
………………..			

Imposte anticipate

Imposte anticipate: sono esigibili nell'esercizio N. Si possono ottenere per differenza tra le imposte calcolate sugli importi derivanti dal bilancio civilistico (imposte economicamente di competenza) e quelle calcolate sugli importi inseriti nelle dichiarazioni dei redditi (imposte correnti). La predetta differenza deve essere **negativa**.

Possiamo aprire il conto "crediti per imposte anticipate", a condizione che negli esercizi futuri si preveda un risultato economico che consenta di recuperare il predetto credito.

Le imposte anticipate nascono quando, ad esempio, si contabilizza il compenso dell'amministratore nell'anno N e si pagherà nell'anno N+1, oppure per spese di manutenzioni e riparazioni eccedenti il limite del 5% del costo complessivo dei beni materiali ammortizzabili ecc.

Contabilità e bilancio

Esempio: la società Rossi S.r.l. nell'esercizio N ha contabilizzato il compenso dell'amministratore Sig. Verdini Francesco; il suo pagamento sarà effettuato in data 15.02.N+1. Nell'anno N non sono sorte imposte differite e non è presente il "Fondo imposte differite".

Il commercialista della società comunica al contabile gli importi delle imposte da inserire nelle scritture alla fine dell'esercizio. Imposte dell'esercizio € 2.865, Debiti per imposte € 3.140 e imposte anticipate € 275. Negli esercizi futuri si prevede un risultato economico che permetterà abbondantemente di recuperare le imposte anticipate. A titolo esemplificativo ipotizziamo che non ci siano acconti e ritenute. Registrazione della imposte anticipate al 31.12.N.

xxx	31.12.N			xxx			
CODICE		DENOMINAZIONE CONTI				DARE	AVERE
		Imposte dell'esercizio				2.865,00	
		Crediti per imposte anticipate				275,00	
		Debiti Tributari					3.140,00

Rappresentazione in bilancio

Descrizione del conto	Anno N + 1	Anno N	COLORI
…………………			
Conto economico			
…………………			
22) Imposte sul reddito dell'esercizio, correnti, differite e anticipate		**2.865**	
…………………			

23) Utile (perdita) dell'esercizio

La voce "23 Utile (perdita) dell'esercizio" è la somma algebrica tra il risultato delle imposte (classi A-B+/-C+/-D+/-E) e le imposte sul reddito dell'esercizio.

Esercizio 3:

Riepiloga tutte le poste del conto economico in un foglio di Excel. Senza guardare gli esempi prova ad attribuire loro il relativo colore.

Come passare dalla teoria alla pratica

Nei precedenti paragrafi abbiamo visto come si compila lo stato patrimoniale e il conto economico. Nella pratica si parte da una situazione patrimoniale ed economica finale (ossia dopo le scritture di assestamento). Si predispone lo stato patrimoniale e il conto economico in formato XBRL. Ti segnalo un programma gratuito che troverai sul sito www.registroimprese.it. su cui ti puoi registrare:

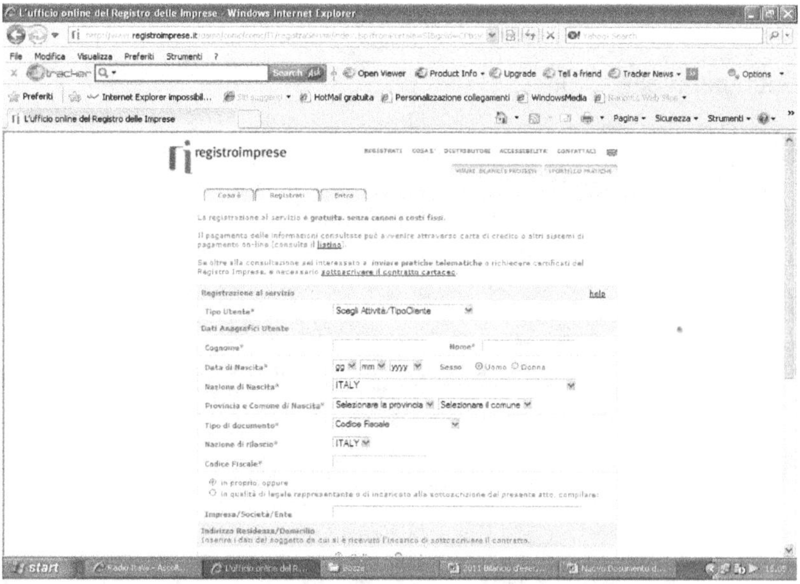

Entra nel menu “sportello pratiche”:

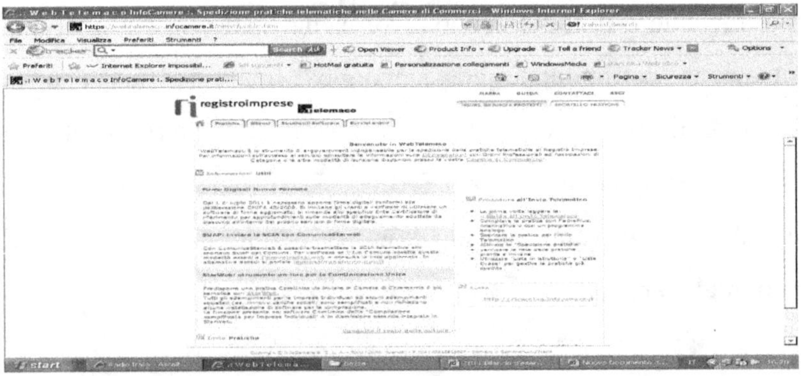

Entra nel menu “Bilanci”:

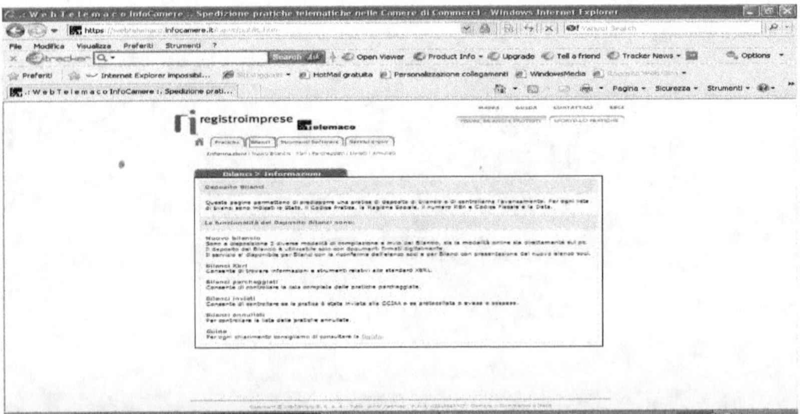

Entra nel menu “xbrl”:

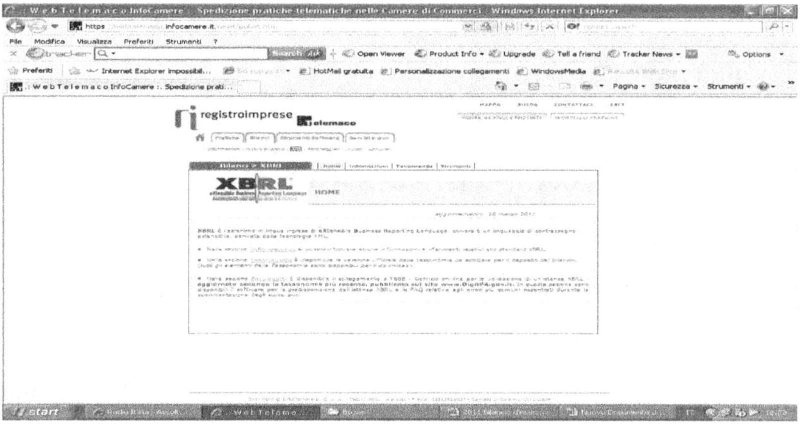

Entra nel menu “strumenti”:

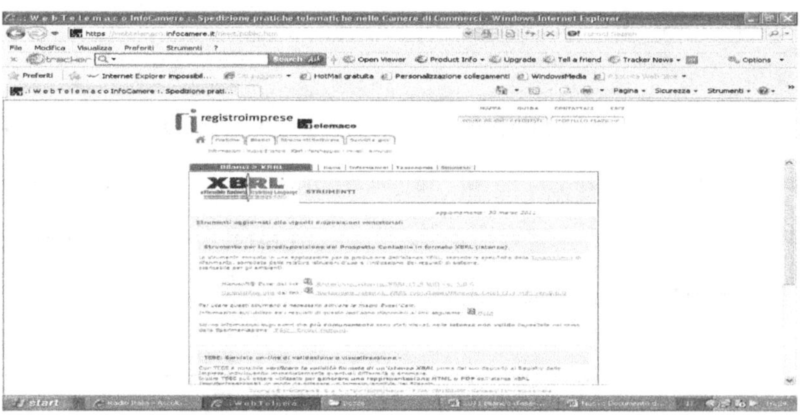

Infine effettua il download del file "Redazione istanza xbrl". Lo stato patrimoniale e il conto economico opportunamente compilati in formato xbrl, saranno depositati nei tempi e con le modalità previste dal registro delle imprese.

La nota integrativa e la relazione sulla gestione

Il bilancio di esercizio è *costituito* dallo stato patrimoniale, dal conto economico e dalla nota integrativa. Come abbiamo visto nei precedenti capitoli, i dati esposti nello stato patrimoniale e nel conto economico sono solo numerici (valori). Quindi, la funzione della nota integrativa è quella di fornire tutte le informazioni per capire e/o completare i dati esposti nello stato patrimoniale e nel conto economico.

SEGRETO n. 35: la nota integrativa è parte integrante del bilancio e fornisce tutte le informazioni per capire e/o completare i dati esposti nello stato patrimoniale e nel conto economico.

🕮 RIFERIMENTI NORMATIVI	
Codice civile	artt. 2427, 2423, 2423-bis, 2424, 2426...

Principi contabili	n. 25	www.fondazioneoic.eu

In sintesi, e semplificando, la nota integrativa deve fornire informazioni:

- sull'attività svolta dall'impresa;
- sui fatti di una certa importanza che si sono verificati dopo il 31.12.N (ipotizzando l'esercizio coincidente con l'anno solare);
- sui rapporti con altre imprese (controllo, collegamenti ecc.);
- sui rapporti con la società che esercita il controllo e il coordinamento;
- sui criteri contabili applicati;
- sulle voci dello stato patrimoniale e del conto economico, utilizzando tabelle e/o prospetti;
- una serie di altre informazioni (ad esempio privacy, regime di trasparenza fiscale ecc.).

Come passare dalla teoria alla pratica

La nota integrativa deve fornire delle informazioni di carattere descrittivo e i dati da inserire in tabelle, di solito non presentano particolari difficoltà. Si può utilizzare un foglio di Excel o di

Word. Il predetto foglio infine dovrà essere predisposto in formato Pdf/A.

Con la compilazione dell'allegata tabella dei quiz, vi siete resi conto del livello di apprendimento che avere raggiunto. Se non avete compilato la predetta tabella, perché avete letto questo corso tutto di un fiato, adesso è giunto il momento farlo.

RIEPILOGO DEL CAPITOLO 7:

- SEGRETO n. 31: nei Proventi e oneri finanziari, la sottovoce C) 15) a) Da imprese controllate, utilizzando la tabella di classificazione dei conti e le regole di registrazione, rileviamo che è di colore verde.
- SEGRETO n. 32: nei Proventi e oneri finanziari, la sottovoce C) 17) d) Altri, utilizzando la tabella di classificazione dei conti e le regole di registrazione, notiamo che è di colore rosso.
- SEGRETO n. 33: nei Proventi straordinari, la voce E)20)2) Varie, utilizzando la tabella di classificazione dei conti e le regole di registrazione, constatiamo che è di colore verde.
- SEGRETO n. 34: la voce 22) Imposte sul reddito dell'esercizio, correnti, differite e anticipate, utilizzando la tabella di classificazione dei conti e le regole di registrazione, assodiamo che è di colore rosso.
- SEGRETO n. 35: la nota integrativa è parte integrante del bilancio e fornisce tutte le informazioni per capire e/o completare i dati esposti nello stato patrimoniale e nel conto economico.

Conclusione

Siamo giunti al termine di questo corso. Vi ho intrattenuto, con numerosi esempi e quiz che sono stati utili per acquisire, verificare e consolidare le vostre conoscenze. L'allegata tabella dei quiz, inoltre, a compilazione avvenuta, vi consentirà una valutazione finale in centesimi.

Come abbiamo visto, possiamo paragonare il conto economico (ricavi, costi) a una cascata. Infatti, la fonte dell'acqua, nel nostro caso, sono i ricavi. Una parte dell'acqua si fermerà nella prima pozza (costi della produzione). Proseguendo la sua corsa, sarà fermata da altri costi, fino ad arrivare all'ultima pozza dove l'acqua eventualmente rimasta sarà l'utile dell'esercizio.

Lo stato patrimoniale (attività, passività e patrimonio netto), invece, possiamo paragonarlo a un albero. Infatti, l'acqua che è rimasta (utile di esercizio) la possiamo utilizzare per irrigare le sue radici. A questo punto la linfa salirà nel ramo del patrimonio netto e, dopo un'elaborazione, il nutrimento si diffonderà in tutti gli altri rami che, nel nostro caso, sono rappresentati dalle immobilizzazioni, dall'attivo circolante, dai ratei e risconti ecc.

Il bilancio quindi può essere rappresentato con una cascata (conto economico) e un albero (stato patrimoniale). Il collegamento tra i due documenti è il risultato economico dell'esercizio (utile o perdita). Come si può facilmente intuire, se l'albero riceverà dell'acqua (utile di esercizio), potrà vivere e crescere rigoglioso, in caso contrario, lunghi periodi di siccità (perdita di esercizio) pregiudicheranno la sua vita.

I colori sono stati utili per capire e memorizzare il bilancio di esercizio. Prendiamo ad esempio il colore verde. Vi sarà capitato di sentire dire che verde vuol dire speranza, un sentimento che nutre chi è fiducioso negli avvenimenti futuri. Infatti, il vero imprenditore è ottimista e spera che nel futuro i ricavi aumentino. Quindi, nel bilancio di esercizio i ricavi saranno rappresentati con il colore verde.

In questa sede sono state applicate le normative italiane (Codice

Civile, TUIR, principi contabili nazionali). All'orizzonte però ci sono i principi contabili internazionali.

L'utilizzo dei colori nella contabilità e nel bilancio, oltre ad agevolare la comprensione della materia ai non addetti ai lavori, rende sicuramente più piacevole la comunicazione tra gli esperti. In conclusione, beate le imprese dove prevalgano i colori giallo e verde ossia, rispettivamente, la gioia e la speranza, le quali potrebbero essere anche per tutti noi la luce che ci guida verso le scelte giuste.

Un colorato saluto e buon lavoro!

Michele Della Valle

Quiz e tabelle

In questa sezione il lettore potrà verificare costantemente le conoscenze acquisite compilando i quiz allegati.

Nella tabella n. 1, si annotano le soluzioni scelte e i punti assegnati. A ogni soluzione esatta si assegna un punto, per le soluzioni errate 0 punti. La tabella n. 2 contiene le soluzioni corrette.

Sull'ultima colonna a destra della tabella n. 1, si annota il totale di ogni riga:

- minore di 6: grado di apprendimento insufficiente;
- tra 6 e 7: grado di apprendimento tra sufficiente e discreto;
- tra 7 e 8: grado di apprendimento tra discreto e buono;
- tra 8 e 10: grado di apprendimento tra buono e ottimo.

Totale complessivo di tutti i quiz:

- minore di 60: grado di apprendimento insufficiente;

- tra 60 e 70: grado di apprendimento tra sufficiente e discreto;
- tra 70 e 80: grado di apprendimento tra discreto e buono;
- tra 80 e 100: grado di apprendimento tra buono e ottimo.

Capitolo 1 – Quiz n. 1
Come attribuire i colori al bilancio di esercizio

A) Cos'è il bilancio di esercizio?
1) È un documento che rappresenta la situazione finanziaria dell'impresa.
2) È un documento che rappresenta i costi e i ricavi dell'impresa
3) È un documento che rappresenta la situazione patrimoniale, finanziaria e il risultato economico dell'esercizio della società.

B) Quali parti compongono il bilancio di esercizio?
1) La situazione patrimoniale ed economica finale dell'impresa.
2) Lo stato patrimoniale, il conto economico e la nota integrativa.
3) Lo stato patrimoniale e il conto economico.

C) Entro quale termine l'assemblea dei soci deve approvare il bilancio di esercizio?
1) Entro 90 giorni dalla chiusura dell'esercizio.
2) Entro 9 mesi dalla chiusura dell'esercizio.
3) Entro 120/180 giorni dalla chiusura dell'esercizio.

D) Entro quale termine il bilancio di esercizio deve essere depositato al registro delle imprese?
1) Entro 60 giorni dall'approvazione del bilancio.
2) Entro 30 giorni dall'approvazione del bilancio.
3) Entro 80 giorno dall'approvazione del bilancio.

E) Cosa si intende per principio di competenza?
1) È il principio che attribuisce le competenze all'ufficio amministrazione della società.
2) È il principio che stabilisce una correlazione dei componenti positivi e negativi di reddito, più precisamente i ricavi seguono i costi.
3) È il principio che stabilisce che i costi che seguono i ricavi.

F) Quali sono i colori che, associati al bilancio di esercizio, favoriscono la memorizzazione e rendono l'approccio alla materia più piacevole?

1) Il blu, l'arancio, il rosso, il verde, il viola e il giallo.
2) Il rosa, il blu, il rosso, il grigio, il bianco e il giallo.
3) I colori dell'arcobaleno.

G) Le poste del bilancio di esercizio che derivano dai conti finanziari di che colore possono essere?
1) Verde o giallo.
2) Viola o rosso.
3) Blu o arancio.

H) Le poste del bilancio di esercizio che derivano dai conti economici di reddito di quale colore possono essere?
1) Arancione e viola.
2) Rosso o verde.
3) Bianco o nero.

I) Le poste del bilancio di esercizio che derivano dai conti economici di patrimonio netto di che colore possono essere?
1) Bianco e giallo.
2) Rosso e viola.
3) Viola e giallo.

L) Al colore giallo cosa possiamo associare?
1) Attenzione.
2) Pericolo.
3) Gioia.

Capitolo 2 – Quiz n. 2
Come predisporre le classi: A) Crediti verso soci e B) Immobilizzazioni immateriali

A) Al momento della costituzione di una S.r.l., quanto devono versare i soci?

1) Almeno il 25% dei conferimenti in denaro e l'intero sovrapprezzo.
2) Subito tutto l'importo di € 10.000.
3) Possono versare durante l'esercizio € 10.000.

B) Cosa sono le immobilizzazioni immateriali?

1) Sono dei cespiti che rientrano nel registro dei beni ammortizzabili e utilizzati per un solo esercizio.
2) Sono dei costi non tangibili che danno la loro utilità per più esercizi.
3) Sono dei beni a fecondità semplice.

C) Cosa sono i costi di impianto?

1) I costi degli impianti.
2) I costi di installazione degli impianti.
3) I costi sostenuti nella fase pre-operativa o di accrescimento della capacità operativa (costituzione).

D) Cos'è l'avviamento?

1) Sono i costi per la costituzione dell'impresa (costi di impianto).
2) È l'insieme delle qualità positive che consentono a un'azienda già funzionante di produrre un maggior reddito rispetto a un'azienda di nuova costituzione.
3) È un costo da imputare tutto nell'esercizio.

E) Cosa si intende per ricerca di base?

1) Sono tutti gli studi e le ricerche dell'impresa.
2) Sono gli studi e le ricerche che hanno un'utilità generica nell'impresa.
3) Sono gli studi e le ricerche che si riferiscono a uno specifico prodotto/progetto.

F) Cosa sono i brevetti industriali?

1) Sono "creazioni intellettuali" dove l'inventore acquisisce il diritto esclusivo allo sfruttamento dell'invenzione nel campo industriale.
2) Sono delle creazioni nella letteratura, nella musica, nell'architettura ecc.
3) Sono autorizzazioni che permettono di esercitare un'attività regolamentata.

G) Cos'è un marchio?

1) È uno dei segni distintivi che identifica l'impresa.
2) È uno dei segni distintivi che identifica l'imprenditore.
3) È uno dei segni che identifica il prodotto di un'azienda.

H) La classe A) Crediti verso soci, nel bilancio di esercizio, come possiamo spiegarla?

1) È una variazione viola.
2) È una variazione gialla.
3) È una variazione blu.

I) Nella classe B) I) Immobilizzazioni immateriali, qual è il colore prevalente?

1) Rosso.
2) Blu.
3) Verde.

L) Nel bilancio di esercizio di che colore è la sottovoce "Acconti a fornitori" (immobilizzazioni immateriali)?

1) Blu.
2) Rosso.
3) Arancio.

Capitolo 3 – Quiz n. 3
Come redigere le classi: C) Attivo circolante e D) Ratei e risconti

A) Cosa sono le rimanenze?
1) Sono dei beni a fecondità ripetuta.
2) Sono dei beni che abbiamo acquistato per la vendita/produzione, ma che alla fine dell'esercizio rimangono nel nostro magazzino.
3) Sono dei beni che abbiamo acquistato per la vendita/produzione e sono di competenza dell'esercizio in corso.

B) Nel bilancio di esercizio di che colore è la voce C) I) 4) Prodotti finiti e merci?
1) Rosso.
2) Verde.
3) Giallo.

C) Nel bilancio di esercizio di che colore è la voce C) II) 1) Crediti verso clienti?
1) Verde.
2) Giallo.
3) Blu.

D) Nel bilancio di esercizio di che colore è la voce C) IV) 3) Denaro e valori in cassa?
1) Viola.
2) Giallo.
3) Blu.

E) Cosa sono i ratei attivi?
1) Sono dei proventi di competenza dell'esercizio successivo.
2) Sono dei pagamenti rateizzati.
3) Sono dei proventi di competenza dell'esercizio esigibili in esercizi successivi, l'entità è determinata in base al tempo.

F) Nel bilancio di esercizio di che colore sono i ratei attivi?
1) Blu.

2) Verde.
3) Giallo.

G) Cosa sono i risconti attivi?
1) Sono dei costi sostenuti entro la chiusura dell'esercizio e quindi di competenza dello stesso esercizio; l'entità è determinata in base al tempo.
2) Sono dei i costi sostenuti entro la chiusura dell'esercizio, ma di competenza di esercizi successivi; l'entità è determinata in base al tempo.
3) Sono dei ricavi anticipati e l'entità è determinata in base al tempo.

H) Nel bilancio di esercizio di che colore sono i risconti attivi?
1) Arancio.
2) Verde.
3) Rosso.

I) Cos'è il disaggio su prestiti?
1) È un costo posticipato che troviamo nell'attivo dello stato patrimoniale al netto delle quote di competenza che sono state imputate agli esercizi futuri.
2) È un costo finanziario anticipato che troviamo nell'attivo dello stato patrimoniale al netto delle quote di competenza che sono state imputate negli esercizi precedenti.
3) È un costo finanziario anticipato che troviamo nell'attivo dello stato patrimoniale al lordo delle quote di competenza che sono state imputate negli esercizi precedenti.

L) Nel bilancio di esercizio di che colore è il disaggio su prestiti?
1) Viola.
2) Rosso.
3) Verde.

Capitolo 4 – Quiz n. 4
Come compilare le classi: A) Patrimonio netto e B) Fondi rischi e oneri)

A) Cos'è il capitale sociale?
1) È il capitale fisso che permette all'impresa lo svolgimento dell'attività produttiva.
2) È il capitale sottoscritto dai soci (valore nominale) al momento della costituzione della società.
3) È il capitale circolante che permette all'impresa di assolvere i suoi impegni finanziari.

B) Nel bilancio di esercizio di che colore è il "capitale sociale"?
1) Giallo.
2) Arancio.
3) Verde.

C) Cos'è la riserva legale?
1) È una riserva prevista dello statuto.
2) È una riserva facoltativa, ossia a discrezione della società.
3) È una riserva obbligatoria che si calcola sugli utili netti annuali.

D) Degli utili netti annuali quanto bisogna accantonare alla riserva legale?
1) È obbligatorio accantonare almeno il 5% degli utili netti annuali finché la riserva è maggiore o uguale al 20% del capitale sociale.
2) È obbligatorio accantonare almeno il 10% degli utili netti annuali finché la riserva è maggiore o uguale al 20% del capitale sociale.
3) È obbligatorio accantonare almeno il 15% degli utili netti annuali finché la riserva è maggiore o uguale al 25% del capitale sociale.

E) Cos'è l'utile di esercizio?
1) È l'utile distribuito ai soci dall'amministratore (a sua discrezione);
2) È una posta del conto economico, più precisamente un conto di reddito.
3) È l'incremento del patrimonio per effetto della gestione.

F) Cos'è la perdita di esercizio?
1) È il decremento dei ricavi rispetto all'esercizio precedente.
2) È il decremento del patrimonio per effetto della gestione.
3) È il decremento delle passività del conto economico.

G) Chi decide se l'utile dell'esercizio può essere rinviato agli esercizi successivi?
1) L'assemblea dei soci.
2) L'amministratore.
3) Il collegio sindacale.

H) Cosa contiene la voce B) 1) Fondi per trattamento di quiescenza e obblighi simili?
1) I Fondi di ammortamento.
2) I debiti per trattamento di fine rapporto.
3) I fondi di indennità per cessazione di rapporti di agenzia, rappresentanza.

I) Nel bilancio di esercizio di che colore sono i "Fondi per trattamento di quiescenza e obblighi simili"?
1) Arancio.
2) Rosso.
3) Verde.

L) Cosa contiene la voce "Fondi per imposte, anche differite"?
1) Imposte esigibili nell'esercizio.
2) Imposte che certamente ci addebiteranno e il cui ammontare e la data del pagamento conosciamo (Irap, Ires).
3) Imposte che probabilmente ci addebiteranno ma il cui ammontare e la data del pagamento non conosciamo (derivanti, ad esempio, da accertamenti).

Capitolo 5 – Quiz n. 5
Come predisporre le classi: C) Trattamento di fine rapporto, D) Debiti, E) Ratei e Risconti e i Conti d’ordine)

A) Cos’è il trattamento di fine rapporto di lavoro subordinato?
1) È l’indennità maturata a favore dei collaboratori occasionali e di competenza dell’esercizio.
2) È l’indennità maturata a favore dei dipendenti e di competenza dell’esercizio.
3) È l’indennità maturata a favore degli agenti e rappresentanti e di competenza dell’esercizio.

B) Nel bilancio di esercizio di che colore è la classe C) Trattamento di fine rapporto di lavoro subordinato?
1) Verde.
2) Rosso.
3) Arancio.

C) Cosa contiene la classe D) Debiti?
1) I debiti che hanno un ammontare determinato e una data prestabilita.
2) I debiti che hanno un ammontare incerto e una data prestabilita.
3) I debiti che hanno un ammontare incerto e una data non prestabilita.

D) Nel bilancio di esercizio di che colore è la classe D) Debiti?
1) Giallo.
2) Verde.
3) Arancio.

E) Cosa sono le obbligazioni?
1) Una quota del capitale sociale dell’impresa.
2) Una quota di un prestito che l’impresa ha ricevuto.
3) Le obbligazioni che l’impresa ha nei confronti dei soci e che danno diritto al dividendo.

F) Cosa sono le obbligazioni convertibili?

1) Sono dei titoli azionari che permettono all'azionista la conversione in obbligazioni.
2) Sono delle obbligazioni dove il sottoscrittore può esercitare il suo diritto di opzione e convertire le sue obbligazioni in azioni.
3) Sono una quota del capitale della società e l'obbligazionista percepisce sempre un dividendo.

G) Cosa include la voce C) 3) Debiti verso i soci per finanziamenti"?

1) I versamenti effettuati dai soci e la società è obbligata a restituire le predette somme.
2) I versamenti effettuati dai soci e la società non è obbligata a restituire le predette somme.
3) I versamenti effettuati dai soci e la società restituisce a sua discrezione le predette somme.

H) Cosa include la voce D) 4) Debiti verso banche?

1) Il debito complessivo al 31.12. nei confronti delle banche (ad esempio, per banche c/c attivi, banche c/c passivi ecc.).
2) Il debito complessivo al 31.12. nei confronti delle banche (ad esempio, per mutui attivi, banche c/c passivi ecc.).
3) Il debito complessivo al 31.12. nei confronti delle banche (ad esempio, per mutui passivi, banche c/c passivi ecc.).

I) Cosa include la voce D) 5) Debiti verso altri finanziatori?

1) I finanziamenti che l'impresa ottiene da enti non creditizi (esempio: società finanziarie ecc.).
2) I finanziamenti che l'impresa ottiene dai soci.
3) I finanziamenti che l'impresa ottiene dai fornitori fidelizzati.

L) Cosa contiene la voce D) Acconti?

1) Solo gli acconti in contanti che l'impresa ha ricevuto per i beni forniti ai clienti.
2) Solo gli acconti che l'impresa ha ricevuto per i servizi forniti dai fornitori.
3) Tutti gli acconti che l'impresa ha ricevuto per i beni e/o servizi forniti ai clienti.

Capitolo 5 – Quiz n. 6
Come predisporre le classi: C) Trattamento di fine rapporto, D) Debiti, E) Ratei e Risconti e i Conti d'ordine

A) Cosa comprende la voce D) 8) debiti rappresentati da titoli di credito?
1) Titoli che danno diritto a un preciso bene (esempio: debiti verso fornitori ecc.).
2) Titoli che danno diritto a una precisa prestazione (esempio: cambiali passive ecc.).
3) Documenti che danno diritto a una prestazione di servizi.

B) Cosa contiene la voce D) 9) debiti verso imprese controllate?
1) I debiti verso imprese dove si ha almeno il 10% dei voti all'assemblea ordinaria della società.
2) I debiti verso imprese dove si ha più del 50% dei voti all'assemblea ordinaria della società.
3) I debiti verso imprese dove si ha più del 20% dei voti all'assemblea ordinaria della società.

C) Cosa contiene la voce D) 10) debiti verso imprese collegate?
1) I debiti verso imprese, quando ha più del 20% oppure più del 10%, se quotata in borsa, dei voti all'assemblea ordinaria della società.
2) I debiti verso imprese, quando ha più del 30% oppure più del 15%, se quotata in borsa, dei voti all'assemblea ordinaria della società.
3) I debiti verso imprese, quando ha più del 40% oppure più del 25%, se quotata in borsa, dei voti all'assemblea ordinaria della società.

D) Cosa contiene la voce D) 11) debiti verso controllanti?
1) I debiti, ad esempio, della società Rossi S.p.A. (controllata) nella società Gialli S.p.A. (controllante), più precisamente la società Gialli S.p.A. ha la maggioranza dei voti, ossia più del 20%, della società Rossi S.p.A., la quale ha una partecipazione nella società Gialli S.p.A.
2) I debiti, ad esempio, della società Rossi S.p.A. (controllata) nella società Gialli S.p.A. (controllante), più precisamente la società Gialli S.p.A. ha la maggioranza dei voti, ossia più del 10%, della

società Rossi S.p.A., la quale ha una partecipazione nella società Gialli S.p.A.

3) I debiti, ad esempio, della società Rossi S.p.A. (controllata) nella società Gialli S.p.A. (controllante), più precisamente la società Gialli S.p.A. ha la maggioranza dei voti, ossia più del 50%, della società Rossi S.p.A., la quale ha una partecipazione nella società Gialli S.p.A.

E) Cosa include la voce D) 12) debiti tributari?

1) I debiti per le imposte dirette e indirette certe e determinate (ad esempio, per le ritenute, l'Ires, l'Iva, l'Irap ecc.).
2) I debiti per le imposte dirette e indirette indeterminate.
3) I debiti per le imposte dirette e indirette (ad esempio, per gli accertamenti in corso, ricorsi alle commissioni tributarie).

F) Cosa include la voce D) 13) debiti verso istituti di previdenza e sicurezza sociale?

1) I debiti verso le Onlus.
2) I debiti verso gli istituti al fine di prevenire danni a terzi.
3) I debiti verso gli istituti che si occupano di prevenire condizioni di bisogno, sicurezza sociale e tutte le fondamentali condizioni di bisogno (ad esempio l'Enasarco, Inps ecc.).

G) Cosa sono i ratei passivi?

1) Sono dei costi di non competenza dell'esercizio, ma esigibili nell'esercizio, l'entità è determinata in base al tempo.
2) Sono dei costi di competenza dell'esercizio, ma esigibili in esercizi successivi, l'entità è determinata in base al tempo.
3) Sono dei costi di competenza dell'esercizio successivo e esigibili in esercizi successivi, l'entità può essere variabile o fissa.

H) Cosa sono i risconti passivi?

1) Dei ricavi conseguiti entro la chiusura dell'esercizio, ma di competenza di esercizi successivi; l'entità è determinata in base al tempo.
2) Dei ricavi conseguiti dopo la chiusura dell'esercizio, ma di competenza dell'esercizio; l'entità è determinata in base al tempo.

3) Dei ricavi conseguiti prima o dopo la chiusura dell'esercizio, in base al fatto di gestione preso in esame.

I) Di che colore sono i risconti passivi?

1) Rosso.
2) Verde.
3) Viola.

L) Cosa sono i conti d'ordine?

1) Sono dei conti che evidenziano l'oggetto e il soggetto, ossia le movimentazioni finanziarie ed economiche nei confronti dei clienti e i fornitori di merci.
2) Sono dei conti che evidenziano l'aspetto finanziario ed economico, ossia di memoria delle movimentazioni finanziarie ed economiche. Possono essere intestati all'oggetto o al soggetto.
3) Sono dei conti che evidenziano i rischi per le garanzie prestate, gli impegni assunti, e i beni di terzi presso l'impresa (ossia di memoria). Possono essere intestati all'oggetto o al soggetto.

Capitolo 6 – Quiz n. 7
Come compilare le classi: A) Valore della produzione e B) Costi della produzione

A) Quali classi compongono la gestione ordinaria?
1) Le classi "A) Valore della produzione" e "C) Proventi e oneri finanziari".
2) Le classi "A) Valore della produzione" e "B) Costi della produzione".
3) Le classi "A) Valore della produzione" ed "E) proventi e oneri straordinari".

B) Cos'è la gestione caratteristica?
1) È l'insieme di scelte dirette al raggiungimento delle caratteristiche tipiche del management dell'impresa.
2) È l'attività non tipica dell'impresa.
3) È l'attività tipica dell'impresa (core business).

C) Cosa include la voce A) 1) Ricavi delle vendite e delle prestazioni?
1) Le vendite di merci, prodotti finiti e le prestazioni di servizi.
2) I fitti attivi, i rimborsi spese di vendita.
3) Le sopravvenienze attive, gli arrotondamenti attivi.

D) Nel bilancio di esercizio di che colore è la voce A) 1) Ricavi delle vendite e delle prestazioni?
1) Gialla.
2) Rossa.
3) Verde.

E) Cosa include la voce A) 2) Variazione delle rimanenze di prodotti in corso di lavorazione semilavorati e finiti?
1) La variazione delle rimanenze finali e iniziali di prodotti in corso di lavorazione, semilavorati finiti e merci.
2) La variazione delle rimanenze finali e iniziali di prodotti in corso di lavorazione, semilavorati e finiti.
3) La variazione delle rimanenze finali e iniziali delle merci.

F) Qual è il significato della differenza positiva tra rimanenze finali e iniziali dei prodotti in corso di lavorazione semilavorati e finiti?
1) Che ho ottenuto dei prodotti finiti, quindi per il principio della competenza i ricavi seguono i costi.
2) Che ho ottenuto dei prodotti finiti e li ho venduti, quindi per il principio della competenza devo aggiungere dei ricavi.
3) Che ho ottenuto dei prodotti finiti e non li ho venduti, quindi per il principio della competenza devo rettificare i costi.

G) Nel bilancio di esercizio di che colore è la voce A) 2) Variazione delle rimanenze di prodotti in corso di lavorazione semilavorati e finiti, ipotizzando che sia positiva?
1) Verde.
2) Rossa.
3) Gialla.

H) Cosa include la voce A) 4) Incrementi di immobilizzazioni per lavori interni?
1) I ricavi conseguiti per la realizzazione di immobilizzazioni all'interno dell'impresa, che saranno portati in aumento del patrimonio.
2) I costi sostenuti per la realizzazione di immobilizzazioni all'interno dell'impresa, che saranno portati in aumento del patrimonio (ossia capitalizzati).
3) I ricavi conseguiti dalla dismissione delle immobilizzazioni dell'impresa.

I) Cosa include la voce A) 5) Altri ricavi e proventi, con separata indicazione dei contributi in conto esercizio?
1) Costi che rientrano nella gestione accessoria e potrebbero essere: le plusvalenze ordinarie, i fitti attivi e contributi in conto esercizio, i rimborsi spese di vendita ecc. (costi residuali).
2) I costi che rientrano nella gestione caratteristica e potrebbero essere: le plusvalenze straordinarie, i fitti passivi e contributi in conto esercizio, i rimborsi spese di vendita ecc.
3) I costi che rientrano nella gestione e potrebbero essere: gli interessi attivi, i fitti attivi, le merci conto vendita ecc.

L) Nel bilancio di esercizio di che colore è la voce A) 5) Altri ricavi e proventi, con separata indicazione dei contributi in conto esercizio?

1) Viola.
2) Arancio.
3) Verde.

Capitolo 6 – Quiz n. 8
Come compilare le classi: A) Valore della produzione e B) Costi della produzione

A) Cosa include la voce B) 6) Per materie prime, sussidiarie, di consumo e di merci?
1) I costi sostenuti per effettuare il commercio solo dei beni accessori all'attività.
2) I costi sostenuti per ottenere la produzione e/o il commercio dei beni non rientranti nell'attività tipica dell'impresa.
3) I costi sostenuti per ottenere la produzione e/o il commercio dei beni rientranti nell'attività tipica dell'impresa.

B) Nel bilancio di esercizio di che colore è la voce B) 6) Per materie prime, sussidiarie, di consumo e di merci?
1) Rosso.
2) Verde.
3) Arancio.

C) Cosa include la voce B) 7) Per servizi?
1) I servizi ricevuti come la pubblicità e le plusvalenze ordinarie.
2) I servizi erogati e che rientrano in una prestazione di fare come, ad esempio, fitti passivi, proventi vari, competenze amministratori e sindaci, pubblicità ecc.
3) I servizi ricevuti e che rientrano in una prestazione di fare come, ad esempio, energia elettrica, trasporti, consulenze, competenze amministratori e sindaci, pubblicità ecc.

D) Cosa include la voce B) 8) Costi per godimento di beni di terzi?
1) I costi sostenuti per il godimento di materie prime che non sono di proprietà dell'impresa.
2) I costi sostenuti per il godimento di beni che non sono di proprietà dell'impresa (alcuni esempi potrebbero essere: i canoni di leasing, fitti passivi ecc.).
3) I costi sostenuti per il godimento mezzi finanziari che non sono di proprietà dell'impresa.

E) Cosa include la voce B) 9) Costi del personale?

1) I costi del personale dipendente e delle collaborazioni occasionali, classificati in salari e stipendi, oneri sociali, trattamento di fine rapporto, trattamento di quiescenza e collaborazioni occasionali.
2) I costi del personale dipendente e dei professionisti, classificati in salari e stipendi, oneri sociali, trattamento di fine rapporto, trattamento di quiescenza, consulenze.
3) I costi del personale dipendente classificati in salari e stipendi, oneri sociali, trattamento di fine rapporto, trattamento di quiescenza e altri costi.

F) Nel bilancio di esercizio di che colore è la sottovoce B) 10) a) Ammortamento delle immobilizzazioni immateriali?

1) Rosso.
2) Verde.
3) Blu.

G) Nel bilancio di esercizio di che colore è la sottovoce B) 10) d) Svalutazione dei crediti compresi nell'attivo circolante e delle disponibilità liquide?

1) Giallo.
2) Arancio.
3) Rosso.

H) Cosa include la voce B) 11) Variazione delle rimanenze di materie prime, sussidiarie, di consumo e merci?

1) La differenza tra il valore delle rimanenze iniziali e finali delle materie prime, sussidiarie, di consumo e merci.
2) La differenza tra il valore delle rimanenze finali e iniziali delle materie prime, sussidiarie, di consumo, merci, prodotti finiti.
3) La differenza tra il valore delle rimanenze delle materie prime, sussidiarie, di consumo, merci, prodotti finiti, semilavorati e prodotti in corso di lavorazione.

I) Se la variazione delle rimanenze di materie prime, sussidiarie, di consumo e merci è negativa cosa significa?

1) Che ho acquistato, ad esempio, delle merci e non le ho vendute, quindi per il principio della competenza devo rettificare i costi.
2) Che ho acquistato delle merci e le ho vendute, quindi per il principio della competenza devo rettificare i ricavi.
3) Che ho acquistato delle merci, quindi per il principio della competenza devo rettificare i costi, i quali non seguono mai i ricavi.

L) Cosa include la voce B) 14) oneri diversi di gestione?
1) Tutti i costi della gestione caratteristica.
2) Tutti i costi della gestione accessoria (residuale).
3) Tutti i costi della gestione straordinaria.

Capitolo 7 – Quiz n. 9
Come redigere le altre poste del conto economico e la nota integrativa

A) Quali classi compongono la gestione finanziaria?
1) Le classi "C) Proventi e oneri finanziari", "D) Rettifiche di valore di attività finanziarie" ed E) Proventi e oneri straordinari.
2) Le classi "C) Proventi e oneri finanziari" e "D) Rettifiche di valore di attività finanziarie";
3) Le classi "C) Proventi finanziari" e "D) rettifiche di valore delle passività finanziarie".

B) Cosa include la voce C) 15) Proventi da partecipazioni, con separata indicazione di quelli relativi a imprese controllate e collegate?
1) I proventi (interessi) che devono essere suddivisi a seconda se derivano da imprese controllate o collegate.
2) I proventi (dividendi) che devono essere suddivisi a seconda se derivano da imprese controllate o collegate.
3) I proventi (interessi) e oneri che devono essere suddivisi a seconda se derivano da imprese controllate o collegate.

C) Nel bilancio di esercizio di che colore è la voce C) 15) Proventi da partecipazioni, con separata indicazione di quelli relativi a imprese controllate e collegate?
1) Verde.
2) Viola.
3) Rosso.

D) Cosa include la voce C) 16) Altri proventi finanziari?
1) Le voci della gestione caratteristica come, ad esempio, interessi passivi da finanziamenti a medio lungo termine, fitti attivi.
2) Tutte le voci residuali come, ad esempio, interessi da finanziamenti a medio lungo termine, CCT, BTP, obbligazioni, BOT, interessi su conti correnti bancari ecc.
3) Tutte le voci residuali come, ad esempio, interessi da finanziamenti a medio lungo termine, CCT, BTP, azioni, BOT, interessi passivi su conti correnti bancari ecc.

E) Cosa include la voce C) 17) Interessi e altri oneri finanziari, con separata indicazione di quelli verso imprese controllate e collegate e verso controllanti?

1) I componenti negativi di reddito di natura finanziaria come, ad esempio, potrebbero essere gli interessi passivi derivanti da debiti verso le banche e altri finanziatori, da prestiti obbligazionari ecc.
2) I componenti positivi di reddito di natura finanziaria come, ad esempio, potrebbero essere gli interessi attivi derivanti dai crediti verso le banche e altri finanziatori, da prestiti obbligazionari ecc.
3) I componenti di reddito di natura commerciale come, ad esempio, potrebbero essere gli interessi attivi derivanti dai crediti verso clienti ecc.

F) Nel bilancio di esercizio di che colore è la voce C) 17) Interessi e altri oneri finanziari, con separata indicazione di quelli verso imprese controllate e collegate e verso controllanti?

1) Blu.
2) Verde.
3) Rosso.

G) Nel bilancio di esercizio di che colore è la voce C) 17-bis) Utile su cambi?

1) Verde.
2) Arancio.
3) Giallo.

H) Nel bilancio di esercizio di che colore è la voce D) 18) Rivalutazioni?

1) Rosso.
2) Verde.
3) Blu.

I) Quando si effettua una svalutazione di attività finanziarie?

1) Quando il loro valore effettivo è minore del valore contabile.
2) Quando il loro valore effettivo è maggiore del valore contabile.
3) Quando il loro valore effettivo e il valore contabile sono indeterminati.

L) Nel bilancio di esercizio di che colore è la voce D) 19) Svalutaszioni?

1) Blu.
2) Verde.
3) Rosso.

Capitolo 7 – Quiz n. 10
Come redigere le altre poste del conto economico e la nota integrativa

A) A cosa si riferisce la gestione straordinaria?
1) A quei fatti di gestione dell'attività accessoria.
2) A quei fatti di gestione dell'attività caratteristica.
3) A tutti quei fatti di gestione estranei all'attività ordinaria.

B) In quale classe sono inclusi i proventi e oneri straordinari?
1) E.
2) C o D.
3) A o B.

C) Nel bilancio di esercizio di che colore è la voce E) 20) Proventi...?
1) Blu.
2) Verde.
3) Rosso.

D) Nel bilancio di esercizio di che colore è la voce E) 21 Oneri...?
1) Rosso.
2) Giallo.
3) Verde.

E) Cosa include la voce 22) Imposte sul reddito dell'esercizio, correnti, differite e anticipate?
1) L'Ires (imposta sul reddito delle società 34%) e l'Irap (imposta regionale sulle attività produttive 5%).
2) L'Ires (imposta sul reddito delle società 27,50%) e l'Irap (imposta regionale sulle attività produttive 3,90%).
3) L'Ires (imposta sul reddito delle società 10,50%) e l'Irap (imposta regionale sulle attività produttive 1,50%).

F) Cosa sono le imposte correnti?
1) Sono quelle dovute per l'esercizio preso in esame (01.01.N-31.12.N) e si ottengono applicando la relativa aliquota al reddito imponibile.

2) Sono quelle dovute per l'esercizio futuro e si ottengono applicando la relativa aliquota al reddito civilistico.
3) Sono quelle dovute per l'esercizio precedente e si ottengono applicando la relativa aliquota al reddito contabile.

G) Nel bilancio di esercizio di che colore è la voce 22) Imposte sul reddito dell'esercizio, correnti, differite e anticipate?
1) Verde.
2) Rosso.
3) Viola.

H) Cosa sono le imposte differite?
1) Sono imposte esigibili negli esercizi futuri (ad esempio negli anni N+1 e seguenti); si possono ottenere per differenza tra le imposte calcolate sugli importi derivanti dal bilancio civilistico (imposte economicamente di competenza) e le imposte calcolate sugli importi inseriti nelle dichiarazioni dei redditi (imposte correnti); la predetta differenza deve essere positiva.
2) Sono imposte esigibili negli esercizi precedenti (ad esempio negli anni N-1); si possono ottenere per differenza tra le imposte calcolate sugli importi derivanti dal bilancio civilistico (imposte economicamente di competenza) e le imposte calcolate sugli importi inseriti nelle dichiarazioni dei redditi (imposte correnti); la predetta differenza deve essere positiva.
3) Sono imposte esigibili negli esercizi precedenti; si possono ottenere per differenza tra le imposte calcolate sugli importi derivanti dal bilancio civilistico e le imposte calcolate sugli importi inseriti nelle dichiarazioni dei redditi (imposte anticipate).

I) Cosa sono le imposte anticipate?
1) Sono imposte esigibili nell'esercizio, ad esempio, N e si possono ottenere per differenza tra le imposte calcolate sugli importi derivanti dal bilancio civilistico (imposte economicamente di competenza) e le imposte calcolate sugli importi inseriti nelle dichiarazioni dei redditi (imposte correnti). La predetta differenza deve essere positiva.

2) Sono imposte esigibili nell'esercizio ad esempio N e si possono ottenere per differenza tra le imposte calcolate sugli importi derivanti dal bilancio civilistico (imposte economicamente di competenza) e le imposte calcolate sugli importi inseriti nelle dichiarazioni dei redditi (imposte correnti). La predetta differenza deve essere negativa.
3) Sono imposte esigibili negli esercizi futuri e si possono ottenere per differenza tra le imposte calcolate sugli importi derivanti dal bilancio contabile (imposte economicamente di competenza) e le imposte calcolate sugli importi inseriti nel bilancio civilistico (imposte correnti). La predetta differenza deve essere positiva.

L) Cos'è la nota integrativa?

1) È parte integrante del bilancio di esercizio e fornisce tutte le informazioni per capire e/o completare i dati esposti solo nello stato patrimoniale e nella contabilità.
2) È una parte integrante del bilancio di esercizio e fornisce tutte le informazioni per capire e/o completare i dati esposti nello stato patrimoniale e nel conto economico.
3) È un documento facoltativo del bilancio di esercizio e fornisce tutte le informazioni per capire e/o completare i dati esposti nello stato patrimoniale e nel conto economico.

Tabella quiz n. 1: Soluzioni scelte e punti.

QUIZ AD OGNI SOLUZIONE ESATTA UN PUNTO - SOLUZIONE ERRATA ZERO PUNTI												
Capitolo - N° quiz		**A**	**B**	**C**	**D**	**E**	**F**	**G**	**H**	**I**	**L**	**PUNTI**
Capitolo 1 - 1° quiz	**soluzioni scelte**											
	punti											
Capitolo 1 - 2° quiz	**soluzioni scelte**											
	punti											
Capitolo 2 - 3° quiz	**soluzioni scelte**											
	punti											
Capitolo 2 - 4° quiz	**soluzioni scelte**											
	punti											
Capitolo 3 - 5° quiz	**soluzioni scelte**											
	punti											
Capitolo 4 - 6° quiz	**soluzioni scelte**											
	punti											
Capitolo 5 - 7° quiz	**soluzioni scelte**											
	punti											
Capitolo 6 - 8° quiz	**soluzioni scelte**											
	punti											
Capitolo 7 - 9° quiz	**soluzioni scelte**											
	punti											
Capitolo 7 - 10° quiz	**soluzioni scelte**											
	punti											
											TOTALE COMPLESSIVO	

Tabella quiz n. 2: Soluzioni esatte.

	QUIZ									
	SOLUZIONI ESATTE									
Capitolo - N° quiz	**A**	**B**	**C**	**D**	**E**	**F**	**G**	**H**	**I**	**L**
Capitolo 1 - 1° quiz	3	2	3	2	3	1	3	2	3	3
Capitolo 2 - 2° quiz	1	2	3	2	2	1	3	3	1	1
Capitolo 3 - 3° quiz	2	1	3	3	3	1	2	3	2	2
Capitolo 4 - 4° quiz	2	1	3	1	3	2	1	3	1	3
Capitolo 5 - 5° quiz	2	3	1	3	2	2	1	3	1	3
Capitolo 5 - 6° quiz	2	2	1	3	1	3	2	1	2	3
Capitolo 6 - 7° quiz	2	3	1	3	2	3	1	2	1	3
Capitolo 6 - 8° quiz	3	1	3	2	3	1	3	1	1	2
Capitolo 7 - 9° quiz	2	2	1	2	1	3	1	2	1	3
Capitolo 7 - 10° quiz	3	1	2	1	2	1	2	1	2	2

Tabella n. 3: Classificazione dei conti finanziari (a titolo esemplificativo).

CLASSIFICAZIONE	
CLASSIFICAZIONE DEI CONTI FINANZIARI **(BLU O ARANCIO)** **VALORI IN CASSA** •Denaro in cassa •Assegni •Valori bollati **CREDITI E DEBITI** •Crediti v/clienti •Cambiali attive •Cambiali allo sconto •Cambiali all 'incasso •Fatture da emettere •Iva ns/credito •Irap c/acconti •C/c postali •Crediti v/soci per versamenti ancora dovuti •Acconti a fornitori (immobilizzazioni immateriali) •Acconti a fornitori (immobilizzazioni materiali) •Crediti verso imprese controllate, collegate, controllanti, verso altri •Obbligazionisti c/sottoscrizioni •Crediti v/Erario per ritenute d 'acconto •Erario c/credito Ires/Irap •Crediti per imposte anticipate •Debiti v/fornitori •Cambiali passive •Fatture da ricevere •Iva ns/debito	(segue conti finanziari) •Erario c/ritenute da versare •Debiti per Irap •Personale c/retribuzioni •Personale c/liquidazioni •Debiti per Tfr •Fondo manutenzioni programmate •Fondo svalutazione crediti •Fondo rischi su crediti •Fondo svalutazione brevetti industriali •Obbligazioni (debiti v/obbligazionisti) •Debito v/socio xy per finanziamento •Mutuo passivo •Debito v/altri finanziatori •Clienti c/acconti •Debiti v/controllate \collegate \controllanti •Debiti v/Enasarco •Debiti tributari •Banca x c/c •Erario c/Iva •Istituti previdenziali **RATEI, FONDI RISCHI E ONERI** •Ratei attivi •Ratei passivi •Fondo accantonamento indennit à F.M. •Fondi per imposte •Fondo manutenzioni programmate •Fondo responsabilit à civile •Fondo imposte differite

Tabella n. 4: Classificazione dei conti economici (a titolo esemplificativo):

CLASSIFICAZIONE	
CONTI ECONOMICI DI REDDITO: (ROSSO **O** VERDE) **COSTI PLURIENNALI E RETTIFICHE, RICAVI PL.** •Costi di impianto e di ampliamento •Costi di ricerca di sviluppo e di pubblicit à •Diritti di brevetto industriale e diritti di utilizzazione delle opere dell 'ingegno •Concessioni, licenze, marchi e diritti simili •Avviamento •Immobilizzazioni in corso (immateriali) •Altre (immobilizzazioni immateriali) •Terreni e fabbricati •Impianti e macchinario •Attrezzature industriali e commerciali •Altri beni (immobilizzazioni materiali) •Immobilizzazioni in corso (materiali) •Disaggio su prestiti •Fondo ammortamento .... (per ogni costo pluriennale) •Aggio su prestiti **COSTI E RICAVI SOSPESI** •materie prime, sussidiarie e di consumo •prodotti in corso di lavorazione e semilavorati •lavori in corso su ordinazione •prodotti finiti e merci •Risconti attivi •Partecipazioni in imprese controllate, collegate, controllanti e altre imprese •Altre partecipazioni	(segue conti economici di reddito) •Altri titoli (immobilizzazioni finanziarie) •Azioni proprie •Risconti passivi **COSTI E RICAVI D'ESERCIZIO** •Prodotti finiti c/esistenze iniziali •Merci c/esistenze iniziali •Merci c/acquisti •Costi di trasporto •Consulenze •Manutenzioni e riparazioni •Provvigioni passive •Fitti passivi •Canoni di leasing •Salari e stipendi •Oneri sociali •Trattamento di fine rapporto •Accantonamento indennit à di F.M. •Accantonamento a fondo imposte •Accantonamento manutenzioni programmate •Ammortamenti ….............(per ogni costo pluriennale) •Lavori in corso su ordinazione •Minusvalenze ordinarie •Sopravvenienze passive ordinarie •Accantonamento per responsabilit à civile •Commissioni e spese bancarie •Sopravvenienze passive straordinarie •Imposte dell 'esercizio (Ires, Irap)

Tabella n. 5, classificazione dei conti economici (a titolo esemplificativo).

CLASSIFICAZIONE	
(segue conti economici di reddito) **<u>COSTI E RICAVI D'ESERCIZIO</u>** •Interessi passivi (tutti) •Svalutazione crediti •Svalutazione brevetti industriali •Svalutazione partecipazione •Prodotti c/vendite •Merci c/vendite •Rimborsi spese di vendita •Resi su acquisti •Ribassi e abbuoni attivi •Prodotti finiti c/rimanenze finali •Merci c/rimanenze finali •Lavori in corso c/rimanenze finali •Fitti attivi •Interessi attivi .... (tutti) •Plusvalenze •Sopravvenienze attive •Incrementi di immobilizzazioni per lavori interni •Proventi finanziari •Proventi da partecipazioni •Utile su cambi •Rivalutazione partecipazione •Sopravvenienze attive straordinarie	**<u>CONTI ECONOMICI DI PATRIMONIO NETTO:</u>** (VIOLA **O**) •Capitale sociale •Riserva sovrapprezzo azioni •Riserva di rivalutazione •Riserva legale •Riserva statutaria •Riserva azioni proprie in portafoglio •Riserva straordinaria •Utili a nuovo •Perdite a nuovo •Utile d'esercizio •Perdita d'esercizio

Tabella n. 6, regole di registrazione dei conti.

REGOLE DI REGISTRAZIONE DEI CONTI

	CONTI FINANZIARI	
1) colore variazione →	VARIAZIONI BLU (VARIAZIONI FINANZIARIE ATTIVE)	VARIAZIONI ARANCIO (VARIAZIONI FINANZIARIE PASSIVE)
2) sezione →	DARE	AVERE
3) perch é →	**ENTRATE DI CASSA**	**USCITE DI CASSA**
	AUMENTI DI CREDITI	**DIMINUZIONE DI CREDITI**
	DIMINUZIONE DI DEBITI	**AUMENTI DI DEBITI**
	CONTI ECONOMICI DI REDDITO	
1) colore variazione →	VARIAZIONI ROSSE (VARIAZIONI ECONOMICHE NEGATIVE)	VARIAZIONI VERDI (VARIAZIONI ECONOMICHE POSITIVE)
2) sezione →	DARE	AVERE
3) perch é →	**COSTI**	**RICAVI**
	RETTIFICHE DI RICAVI	**RETTIFICHE DI COSTI**
	CONTI ECONOMICI DI PATRIMONIO NETTO	
1) colore variazione →	**VARIAZIONI VIOLA (VARIAZIONI ECONOMICHE NEGATIVE)**	**VARIAZIONI GIALLE (VARIAZIONI ECONOMICHE POSITIVE)**
2) sezione →	**DARE**	**AVERE**
3) perch é →	**DIMINUZIONE DI PATRIMONIO NETTO**	**AUMENTO DI PATRIMONIO NETTO**

Bibliografia e sitografia

C. Alpa, V. Mariconda, *Codice Civile commentato*, Milano, IPSOA, 2009

V. Antonelli, R. D'Alessio, *Summa contabile*, Milano, Pirola-Il Sole 24 Ore, 2009

E. Astolfi, L. Barale, G. Ricci, *Entriamo in azienda*, vol. 3, Milano, Tramontana, 2006

E. Astolfi, S. Rascioni, G. Ricci, *Entriamo in azienda*, vol. 1, Milano, Tramontana, 2009

P. Bidoli, M. Anderle, *Bilancio UE*, Trento, SEAC, 2011.

G. Bruno, Lettura Veloce 3x, Roma, Bruno Editore.

G. Frattini, *Contabilità e bilancio*, Milano, Giuffrè, 2006

J.W. Goethe, *La teoria dei colori*, Milano, Il Saggiatore, 2008

F. Maurizio, *Registrazioni contabili, manuale per la contabilità ordinaria*, Trento, SEAC, 2003

J. Merighi, M. Anderle, *L'ammortamento*, Trento, SEAC, 2010

Organismo Italiano di Contabilità (OIC), principi contabili nazionali in www.fondazioneoic.eu

M. Pastoureau, *I colori del nostro tempo*, Milano, Adriano Salani Editore, 2007

G. Prina, *Le rilevazioni sistematiche di conto e il bilancio di esercizio da esse derivato*, Milano, Mursia, 1980

R. Sicurelli, *Colore ed emozioni,* in www.arteit.it, 2009

SITI WEB

www.registroimprese.it, bilancio XBRL.
http://www.sxc.hu/, foto free della cascata delle Marmore.

http://www.foto-gratis.org/foto-natura/foto-alberi-gratis-immagini-e-foto-di-alberi-free-tree-images-pics/, 30 Oct. 2005, North Rhine-Westphalia, Germany – Oak Tree in Autumn – Image by © Frank LukasseckCorbis

Ogni riferimento alla parte informatica è stato tratto dal software Via Libera Gestione Contabile di «Il Sole 24 Ore».

www.ingramcontent.com/pod-product-compliance
Lightning Source LLC
LaVergne TN
LVHW050853051026
849532LV00006BA/2230